LÉOPOLD MABILLEAU
A BORDEAUX

ASSEMBLÉES GÉNÉRALES

DE

LA SOCIÉTÉ BORDELAISE DES HABITATIONS A BON MARCHÉ

L'ŒUVRE BORDELAISE DES BAINS-DOUCHES A BON MARCHÉ

L'ŒUVRE BORDELAISE DES DÉBITS DE TEMPÉRANCE

LA CRÈCHE DE LA BASTIDE

25 AVRIL
1904

BORDEAUX
IMPRIMERIE G. GOUNOUILHOU
9-11, RUE GUIRAUDE, 9-11

1904

M. LÉOPOLD MABILLEAU
A BORDEAUX

ASSEMBLÉES GÉNÉRALES

DE

LA SOCIÉTÉ BORDELAISE DES HABITATIONS A BON MARCHÉ

L'ŒUVRE BORDELAISE DES BAINS-DOUCHES A BON MARCHÉ

L'ŒUVRE BORDELAISE DES DÉBITS DE TEMPÉRANCE

LA CRÈCHE DE LA BASTIDE

25 AVRIL
1904

BORDEAUX
IMPRIMERIE G. GOUNOUILHOU
9-11, RUE GUIRAUDE, 9-11
—
1904

M. MABILLEAU

DIRECTEUR DU MUSÉE SOCIAL
PRÉSIDENT DE LA FÉDÉRATION NATIONALE DE LA MUTUALITÉ
PROFESSEUR AU COLLÈGE DE FRANCE
OFFICIER DE LA LÉGION D'HONNEUR

ASSEMBLÉE GÉNÉRALE DU 25 AVRIL 1904

Habitations à bon Marché
Bains-Douches à Bon Marché, Débits de Tempérance
Crèche de la Bastide.

Les actionnaires et sociétaires de ces diverses œuvres se sont réunis en Assemblée générale le lundi 25 avril, à quatre heures, à l'Athénée, rue des Trois-Conils, sous la présidence de M. L. Mabilleau, directeur du Musée social, président de la Fédération nationale de la Mutualité.

M. le Préfet assiste à la séance.

Le procès-verbal des dernières Assemblées générales est lu et adopté.

M. Cazalet ayant donné lecture du procès-verbal de la dernière réunion qui est adopté à l'unanimité, M. Bayssellance prend la parole.

Il remercie d'abord M. Mabilleau d'avoir bien voulu donner aux œuvres bordelaises un témoignage de si vive sympathie et fait l'éloge de l'homme de talent qui se trouve à la tête du mouvement mutualiste.

Puis, faisant un rapide exposé de la situation des Sociétés, il se félicite des résultats obtenus, résultats qui, selon toute apparence, seront meilleurs encore dans l'avenir.

Après lui, M. Cazalet présente le rapport moral des quatre œuvres.

La première : les *Habitations à bon marché*, a donné les résultats les plus satisfaisants en 1903. L'année dernière a été marquée par la fondation Cruse et des pourparlers ont été engagés pour un achat de terrains qui pourraient servir à l'édification en 1905 du 9e groupe : le groupe Casimir-Perier.

L'orateur, après avoir fait l'éloge de l'ancien président de la République qui consent à donner son nom à cette œuvre humanitaire, lit une lettre de l'éminent homme d'État. Cette lettre est accueillie par des applaudissements nourris.

Après avoir signalé le prêt consenti par la Caisse d'épargne pour l'inauguration du groupe Émile Loubet, inauguration qui aura lieu le 25 avril 1905, l'orateur se préoccupe de la deuxième œuvre : les Jardins ouvriers. Il constate que la tentative faite à Bordeaux pour la création de ces jardins n'a point réussi comme on était en droit de l'attendre ; mais M. Cazalet a foi dans l'avenir et il fait connaître les pourparlers engagés avec le Bureau de bienfaisance. Les pourparlers avec le Bureau de bienfaisance n'ont pas abouti, mais l'œuvre des *Jardins ouvriers* a été créée directement par la Société bordelaise des Habitations à bon marché.

*
* *

Les *Bains-douches*, eux, malgré la récente augmentation de 0 fr. 05 qu'a subie le prix du bain, n'ont pas encore perdu un seul baigneur et l'orateur se dit heureux de constater que, comme à Paris et à La Rochelle, la progression des bains est notable. Le chiffre d'un million sera bientôt atteint et ce total colossal est plus éloquent que tout éloge.

*
* *

M. Cazalet, abordant la question des *Débits de tempérance*, dit que la réalisation de cette œuvre fut particulièrement difficile et que les résultats en sont incertains.

Toutefois, les conséquences de l'alcoolisme sont si terribles que la conscience publique se réveillera enfin, et cette œuvre comme les autres obtiendra bientôt d'excellents résultats.

*
* *

Pour la *Crèche* de La Bastide, l'orateur voit la nécessité de multiplier les fêtes afin de donner à cette œuvre utile entre toutes, puisqu'elle s'occupe des enfants, un nécessaire concours pécuniaire.

MM. Robert, Fortin, Alfred Sicard (remplaçant M. Gabriel Faure) et Charles Bénard ont ensuite pris la parole pour développer le rapport financier de chacune des quatre œuvres.

Puis, M. Mabilleau met aux voix l'ordre du jour ainsi conçu :

« L'assemblée, après avoir entendu la lecture des rapports financiers des quatre œuvres, approuve le bilan, les comptes de 1903 et le budget de 1904. »

M. Mabilleau fait adopter ensuite ce qui suit : « et renomme tous les membres sortants dans les quatre œuvres, » puis procède au tirage des bons d'amortissement des bains-douches.

Voici les numéros sortis :

43 171 201 39 50 182 52 181

Après cela M. Mabilleau prononce une brillante allocution que l'on trouvera plus loin.

L'orateur est charmé de son voyage à Bordeaux. Il emportera de son séjour dans notre ville d'excellents souvenirs, d'utiles enseignements, un profit positif. Il a constaté avec plaisir l'esprit d'initiative qui règne dans notre cité et espère que le mouvement si bien commencé se continuera grâce au concours de tous et en particulier des membres du Bureau, qu'il ne saurait trop remercier.

L'orateur est longuement applaudi et la séance est levée à six heures.

DISCOURS DE M. LE PRÉSIDENT ADRIEN BAYSSELLANCE

MESDAMES,

MESSIEURS,

Mes premières paroles doivent être un remerciement à l'homme éminent qui nous fait l'honneur de venir présider aujourd'hui l'Assemblée annuelle de nos modestes sociétés. M. Mabilleau, président de la Fédération nationale de la Mutualité française, est aussi le directeur du Musée social, cette œuvre magnifique due au comte de Chambrun, le grand philanthrope, bienfaiteur de nos œuvres et parrain de l'un de nos groupes d'habitations à bon marché.

Nous vous sommes profondément reconnaissants, Monsieur le Président, de l'intérêt que vous témoignez ainsi à nos efforts, et nous sommes heureux d'en soumettre les résultats à l'appréciation de votre haute compétence. Vous êtes aujourd'hui à la tête de ce grand et bienfaisant mouvement de la mutualité, qui, aux yeux de tous ceux que préoccupe l'avenir de nos institutions sociales, est le germe de la seule organisation capable d'assurer le bien-être et la dignité des travailleurs. Mais, en même temps, vous avez grand souci de tout ce qui intéresse l'hygiène sociale, et vous l'avez dit avec une grande vérité : il faut substituer un régime préventif et scientifique à l'intervention tardive et empirique.

Ce principe est à la base des œuvres que nous avons entrepris de créer à Bordeaux, grâce, il faut le dire, à l'ardente et inlassable initiative de notre ami, M. Cazalet, qui tour à tour secrétaire, trésorier, administrateur délégué ou président, ne recule devant aucune charge, toujours soutenu par une foi inébranlable au succès du bien.

Pour donner la santé, nous avons cherché à propager la propreté. Ce n'est pas une idée nouvelle! Les magnifiques travaux de nos ancêtres gallo-romains pour amener l'eau en surabondance dans leurs cités nous attestent le prix qu'ils attachaient aux soins de la propreté. Ce sont leurs excellentes habitudes que nous voudrions faire renaître, et nous nous efforçons pour cela de mettre les ablutions qui procurent à tous les membres de la famille le bien-être et la santé, à la portée des situations les plus modestes.

Les pronostics ne nous étaient pas, tout d'abord, bien favorables! Modifier les habitudes d'un population! Quelle folle entreprise! Les hommes ne sentiront point le besoin d'ablutions dont ils se sont toujours passés; les femmes n'accepteront jamais les procédés nouveaux qu'on leur offre : elles ne consentiront pas à exposer leurs enfants aux refroidissements, aux rhumes, etc.!

Ces raisonnements paraissaient plausibles, mais l'expérience a prononcé. Nous avons développé le réseau de nos établissements, et en 1902, avec quatre locaux, nous avons donné environ 100.000 bains-douches aux hommes, 27.000 aux femmes et 28.000 aux enfants, en tout : 155.000. Cette année, avec le cinquième local que nous avons ouvert au milieu de l'année dernière, sous le patronage de M. Brouardel, nous espérons arriver aux 200.000, si une température convenable nous favorise.

De ce côté, le succès parait donc assurer la pérennité de notre œuvre, et nous avons la satisfaction de voir que si notre ville a été la première à jouir des bienfaits de cette utile institution, son exemple a été suivi par d'autres, notamment par la capitale, qui va être bientôt dotée de son troisième local.

Les bienfaisants effets des bains d'aspersion ont été appréciés par quelques institutrices dévouées, qui se sont donné la charge de les introduire dans des écoles maternelles, sans se laisser rebuter par les luttes à soutenir contre les préjugés des mères. Enfin, descendant le dernier cran, ces utiles pratiques ont été appliquées aux enfants du premier âge dans la crèche de La Bastide, une des œuvres dont nous avons à nous entretenir aujourd'hui. Le cycle sera ainsi complet, et, de sa naissance jusqu'à ses derniers jours, l'homme pourra jouir des bienfaits de la propreté et débarrasser son épiderme des germes qui menacent son organisme. L'importance de ces précautions dhygiène est assez connue pour qu'il n'y ait pas lieu de s'étendre sur ce sujet.

Un point aussi important pour l'hygiène et aussi bien démontré, c'est la nécessité d'une habitation salubre pour la famille. Il faut, au point de vue moral, que l'homme ait plaisir à être chez soi, à soigner et entretenir son logement. L'Œuvre bordelaise des Habitations à bon marché a déjà obtenu de grands succès dans ce sens. Le vrai moyen de moraliser une famille, c'est de l'attacher à son habitation, en lui assurant la perspective d'en devenir propriétaire à force d'économie. Tous les soins se portent alors sur l'entretien, l'embellissement de la demeure devenue définitive. Le père reste chez lui, ne va pas dépenser son argent au café; il s'occupe davantage de ses enfants, dont il est constamment entouré. L'expérience a démontré que les locataires acquéreurs donnent infiniment moins de peine et de souci que les locataires simples; ils tiennent à n'être jamais en retard pour leur terme et devancent autant qu'ils le peuvent le paiement de leurs primes d'amortissement, tâchent de devenir propriétaires au plus tôt, afin d'être affranchis de leur loyer.

La Société bordelaise des Habitations à bon marché ne peut donc que se féliciter des résultats obtenus. Elle aurait désiré étendre encore son œuvre en procurant des logements hygiéniques aux familles qui, ayant grand'peine à payer leur loyer, ne peuvent songer à y ajouter la charge d'une prime qui leur permette de devenir propriétaires; mais de ce côté il se rencontre de grosses difficultés. La Société a pu, cette année, faire un essai, grâce à la grande générosité d'une des familles les plus honorées de Bordeaux; mais il est difficile de dire, dès à présent, quel sera le résultat de cette expérience et s'il sera possible de la développer.

J'ai déjà dit un mot de la Crèche de La Bastide, dont l'installation peut servir de modèle aux établissements de cette nature, destinés à lutter contre l'un des pires fléaux de l'humanité : la mortalité infantile, cause reconnue d'un cinquième au moins de la mortalité totale, agent des plus actifs, par conséquent, de la dépopulation, si menaçante pour l'avenir du pays. De ce côté encore, nous n'avons que de bons résultats à constater, car, au dire des médecins, l'état hygiénique de cette crèche modèle ne laisse rien à désirer.

La quatrième de nos œuvres, par ordre chronologique, celle des Débits de tempérance, est aussi celle qui nous a donné, jusqu'à présent, les résultats les moins satisfaisants. Dans des contrées plus chaudes, on éprouve davantage le besoin de se désaltérer; le vin est moins bon; on recherche les boissons rafraîchissantes ; il est possible d'attirer une nombreuse clientèle et de la satisfaire à peu de frais. A Bordeaux, le vin est bon, fort apprécié des consommateurs, et préféré aux autres boissons. Le prix en est soumis à des fluctuations considérables; pour peu qu'il s'élève (et il faut le désirer dans l'intérêt général du pays), il devient très difficile d'équilibrer le prix d'achat avec le prix de vente au détail, si on tient, comme nous le devons, à ne donner que du vin bon et naturel. Nous aurons donc plus de peine à faire vivre et à développer un établissement de tempérance. Heureusement, le fléau de l'alcoolisme sévit chez nous avec beaucoup moins d'intensité que dans d'autres régions, nous espérons arriver de ce côté aussi à des résultats favorables.

Mais cette revue sommaire des œuvres que vous soutenez, Mesdames et Messieurs, avec tant de sympathie et de dévouement, et que nous soumettons, Monsieur le Président, à votre appréciation éclairée, ne vous met pas suffisamment au courant de leur situation. Je m'empresse de céder la parole à notre secrétaire général, M. Cazalet, pour la lecture de son rapport d'ensemble.

QUADRUPLE RAPPORT DE M. CAZALET

MESDAMES,
MONSIEUR LE PRÉFET,
MESSIEURS,

Il faut convenir, vraiment, que la fortune nous sourit. De tous temps, les plus hautes personnalités se sont empressées de nous prodiguer leurs flatteurs encouragements et n'ont pas hésité même à nous prêter leur précieux appui.

C'est ainsi que nos assemblées générales ou l'inauguration de nos groupes et de nos locaux ont eu la faveur d'être présidées par des hommes que leur noble caractère et leur grand savoir ont mis, depuis longtemps, au premier rang.

L'année dernière, il nous était donné de souhaiter une respectueuse bienvenue à M. le professeur Brouardel, membre de l'Institut, dont le nom est universellement connu et estimé. Aujourd'hui, nous saluons avec reconnaissance la venue, au milieu de nous, d'un homme que tout recommande également à notre respect et à notre affection, M. Léopold Mabilleau, directeur du Musée social de Paris, président de la Fédération nationale de la Mutualité, professeur au Collège de France.

De même que M. le professeur Brouardel, vous n'avez eu, Monsieur le Président, au cours de votre existence, qu'un objectif : faire le bien, et c'est ainsi qu'à votre nom s'attache également la considération générale. Et je ne puis m'empêcher d'évoquer, en passant, les noms de vos honorables collègues, MM. Siegfried, Picot et Cheysson, véritable « trinité bienfaisante » que tous, ici, nous vénérons.

Nous saluons en vous, Monsieur le Président, l'un des plus dévoués collaborateurs de M. Casimir-Perier, l'éminent président de l'Alliance d'hygiène sociale ; nous saluons en vous le digne continuateur du grand philanthrope, M. de Chambrun, le regretté fondateur du Musée social, cette œuvre admirable aux destinées de laquelle vous présidez avec tant de clairvoyance, tant d'autorité et tant de dévouement.

***

Nous avons déjà dit, et nous le répétons, pourquoi nous avons cru devoir grouper nos œuvres dans un unique rapport général. C'est qu'un même esprit les anime et que les mêmes hommes y collaborent, poursuivant tous ce double but, la propreté physique et la propreté morale. L'an dernier, notre Président et ami, M. A.-E. Hausser, qui, cette fois-ci, a été empêché de venir au dernier moment, expliquait avec éloquence et résumait ensuite fort bien l'esprit dans lequel a été dirigée la marche de nos œuvres, quand il parlait de « ce sentiment de solidarité commune sans lequel il n'y a ni famille, ni patrie, ni humanité ».

M. Brouardel a mis également en lumière, dans ses beaux discours, la solidarité absolue qui existe entre nos œuvres, et il a dégagé admirablement l'unité de pensée et de vues qui y préside : la santé de l'enfant, la force de l'individu, l'accroissement de la population, ces trois facteurs qui concourent à la grandeur de la patrie.

HABITATIONS A BON MARCHÉ

Les détails sur les diverses opérations concernant les Habitations à bon marché, au cours de l'année 1903, sont contenus dans la brochure que vous avez sous les yeux. Les tableaux si clairs, dressés par notre dévoué trésorier, M. Jules Larrue, et le chef de la comptabilité, M. Fernand Déjean, font toucher du doigt l'état de notre situation financière qui est excellente.

L'année 1903 a été bonne pour notre œuvre. C'est d'abord la fondation Cruse, due à ces hommes que leurs sentiments généreux et charitables disposent naturellement à faire le bien, à ces hommes qui sont l'honneur de notre ville et qui ont voulu que les familles nombreuses eussent des logements agréables et sains. Le Comité départemental nous a fait l'honneur de consacrer presque tout son rapport annuel à cette fondation, dont bénéficient trois familles ayant respectivement huit, six et cinq enfants. On ne peut, aujourd'hui, porter un jugement définitif sur les résultats qu'on en peut espérer ; mais ce que nous pouvons, ce que nous devons faire, sans attendre plus longtemps, c'est renouveler à MM. Frédéric et Henri Cruse, l'expression de notre profonde reconnaissance.

C'est ensuite une seconde maison isolée, bâtie à Saint-Augustin, dans la rue de Cestas, où viendra peut-être s'embrancher un autre groupe, le neuvième, qui portera le nom de « Groupe Casimir-Perier » et qui sera l'œuvre de l'an prochain. Vous vous rappelez tous dans quels termes M. Casimir-Perier a bien voulu accepter ce parrainage. Vous me permettrez de reproduire son aimable lettre :

« Paris, 3 mars 1904.

» Chers Messieurs,

» J'ai été très sensible à la lettre que vous avez bien voulu m'écrire. Vous savez combien j'applaudis à vos efforts et combien je me réjouis de vos succès.

» Comment ne pas me sentir honoré de votre offre? Elle me met en compagnie d'hommes que je respecte et que j'aime; elle m'associe, plus que je ne le mérite, à une œuvre féconde.

» C'est vous dire que j'accepte avec reconnaissance d'être le parrain d'un nouveau groupe.

» Je saisis cette occasion de vous envoyer mes meilleurs souvenirs et l'expression de mes sentiments dévoués.

» Casimir-Perier. »

Nous sommes, nous-mêmes, très honorés de cette acceptation, car notre neuvième groupe portera ainsi un nom que la France a appris à connaître et qu'elle a su retenir. Après avoir occupé, avec dignité, le poste le plus éminent, M. Casimir-Perier, comme le disait si heureusement M. Cheysson au premier Congrès national contre l'alcoolisme dont il était le président, M. Casimir-Périer « s'est maintenant créé comme une nouvelle magistrature, celle de la bienfaisance privée, à laquelle il prodigue sans compter les trésors de son expérience, de son dévouement et de son autorité».

*
* *

C'est, enfin, Messieurs, à l'actif de l'année 1903, le groupe Émile Loubet, pourvu déjà de neuf locataires acquéreurs, et édifié, grâce à l'aimable concours de M. Charles de Luze, sur les terrains duquel cinq groupes ont été antérieurement construits, à notre entière satisfaction. J'ajoute que la Caisse d'Épargne de Bordeaux a bien voulu contribuer — et nous lui en sommes reconnaissants — à la construction de ce groupe dont les plans ont été dressés comme toujours par notre dévoué et infatigable architecte, M. Albert Touzin.

Ce groupe n'attend plus que son inauguration qui sera faite l'après-midi du mardi 25 avril 1905, dans un an jour pour jour, par son parrain, c'est-à-dire par celui qui, par la dignité de sa vie et par sa valeur morale, a mérité d'être le premier citoyen de son pays, le vénéré Président de la République, M. Émile Loubet.

*
* *

Je vous entretenais, l'année dernière, Messieurs, du projet de création de « Jardins ouvriers ». Nous étions disposés à marcher droit devant nous, dans cette nouvelle voie. Malheureusement, cette œuvre ne nous a pas paru être comprise. Aussi, un jour, nous sommes-nous tournés du côté du Bureau de bienfaisance, supposant que l'exemple de Nancy, où des résultats merveilleux ont été obtenus, l'engagerait à nous prêter son concours. Nous ne sommes pas encore fixés sur le résultat de notre démarche.

Pour nous, nous n'éprouvons aucune appréhension et, d'une façon ou d'une autre, nous tenterons l'épreuve qui a réussi de tous côtés, d'autant plus que nous n'avons pas oublié le vœu de M. Siegfried *tendant à ce que les Bureaux de bienfaisance consacrent aux Jardins ouvriers une partie de plus en plus importante de leurs ressources.*

Ce vœu fut, en effet, adopté à l'unanimité par le Congrès international des Jardins ouvriers tenu à Paris les 24 et 25 octobre 1903, et qui fut organisé avec tant de compétence par M. l'abbé Lemire, député du Nord, et je ne peux écarter de mon esprit cette parole d'une « jardinière » de Reims, disant : « Le plus grand profit de notre jardin ne consiste pas tant dans les légumes que nous avons mangés que dans les petits verres que mon mari n'a pas bus. »

Voilà le sentiment hautement moralisateur de cette œuvre, et il ne faut pas oublier qu'il en existe 131, possédant 6,067 jardins et secourant 42,000 personnes.

Nous le répétons, la ville de Bordeaux se doit à elle-même de faire lever au plus tôt sur son sol, où tant d'autres sont nées, cette nouvelle œuvre d'assistance, afin d'augmenter d'un fleuron sa magnifique couronne, faite de bienfaisance et de philanthropie. L'œuvre des *Jardins ouvriers* a été créée directement par la Société bordelaise des Habitations à bon marché le 6 juin 1904.

* * *

Si nous avons été encore fidèles à notre programme d'origine qui est de construire un groupe par an, nous l'avons été également à notre désir de donner un intérêt de 4 0/0 au capital-actions. Nous avons voulu, en effet, faire la preuve — et nous l'avons faite — que le capital pouvait sans crainte se porter sur les œuvres bordelaises dont nous nous occupons et y trouver, en même temps que la sécurité, un légitime revenu. Nous le proclamons bien haut, c'est à cela surtout que peut être attribué notre succès. Les capitaux sont ainsi venus à nous, ce qui ne se serait pas produit si nous nous en étions tenus à l'intérêt de 3 0/0.

Nous en trouvons une preuve dans ce fait qu'à l'Œuvre parisienne des Bains-Douches à bon marché, nous n'avons pas su résister à quelques-uns de nos collègues qui ont insisté pour ne donner que 3 0/0 aux capitaux. Aussi, qu'est-il arrivé? En dehors de l'argent prêté au début par des amis, on n'en a plus trouvé ailleurs, et c'est à Bordeaux qu'on a dû s'adresser; et Bordeaux a répondu, est-il besoin de le dire, à cet appel. Nous n'en tirons pas vanité, mais il nous est bien permis d'en tirer enseignement.

* * *

Et, à ce sujet, nous voudrions insister sur un fait important : nous avons cherché à faire de la Société bordelaise des Habitations à bon marché, la Société *tutélaire*; elle a été l'arbre puissant d'où sortent des branches vigoureuses. C'est ainsi que nous avons prêté des fonds à l'Œuvre bordelaise des bains-douches, à l'Œuvre parisienne des Bains-Douches, à l'Œuvre bordelaise des Débits de tempérance, et nous sommes tout prêts à en prêter à la Crèche de la Bastide.

Quelques esprits ont craint que nous ne sortions de notre rôle. Craintes chimériques! N'était-ce pas, au contraire, notre devoir de ne point rester entièrement confinés dans notre œuvre d'Habitations? Il y avait autre chose à faire autour de nous; et forts de notre passé, confiants dans l'avenir, nous n'avons pas hésité; nous avons tendu la main aux autres œuvres bordelaises.

Quel rôle plus fécond peut, en effet, remplir une œuvre de province qui est, comme à Bordeaux, arrivée à de tels résultats! C'est bien là une belle et bonne œuvre, une œuvre de solidarité sociale qui a su, dès la première heure, ce qu'elle faisait, où elle allait; qui a été heureuse de tous les concours venus à elle, les uns tôt, les autres tard, n'en dédaignant aucun; mais qui n'a jamais été tributaire de personne, gardant jalousement son indépendance, et ne se laissant point détourner de ce qu'elle croit être une partie de sa mission : aider les œuvres qu'elle aime à devenir assez grandes, assez fortes, pour leur permettre à leur tour de voler de leurs propres ailes.

BAINS-DOUCHES A BON MARCHÉ

L'année 1903 a vu se produire, pour les Bains-Douches à bon marché, quelques faits qui méritent de retenir l'attention. Vous avez tous présente à l'esprit la belle cérémonie d'inauguration de notre cinquième local, le local Brouardel. Vous entendez encore le savant professeur nous donner des conseils, puisés dans sa connaissance profonde des œuvres d'hygiène et de préservation sociale. Vous l'entendez encore nous adresser des félicitations dont nous sommes fiers. La visite de M. Brouardel nous a laissé un excellent et durable souvenir. L'œuvre des Bains-Douches a reçu, à cette occasion, de la part des diverses personnalités qui rehaussaient de leur présence cette cérémonie, des témoignages de sympathie qui ont fort touché le Comité.

Je crois devoir renouveler à tous les zélés collaborateurs de l'œuvre, et en particulier à cet inlassable ouvrier de la première heure, M. Jouandot, tous nos remerciements.

En 1903, nous avons augmenté de cinq centimes le prix du bain-douche; mais, il est important de le faire remarquer, nous n'avons pas perdu un seul baigneur, ce qui démontre bien que les bains-douches sont entrés dans les habitudes de la population bordelaise, et, les chiffres dressés avec tant de soin par notre ami M. Trial vous l'indiquent, nous avons eu un excédent raisonnable.

En 1903, le contrôle par le ticket a été organisé. En 1903 également, nous avons fait inscrire notre personnel à la Caisse nationale des retraites; chaque couple, comme nous l'avons déjà dit, verse un franc par semaine; l'œuvre fait un semblable versement, et c'est ainsi que ces ménages se constitueront une retraite convenable.

En 1903, enfin, la Caisse d'Épargne de Bordeaux a répondu, dans une assez large mesure, à l'appel que nous lui avions adressé. Elle a bien voulu nous consentir un prêt de 12,000 francs. Nous lui adressons tous nos remerciements, en y associant le nom de M. le Dr Lande, maire de Bordeaux, qui, malgré ses multiples et absorbantes occupations, trouve toujours le temps de nous témoigner, d'une façon particulière et effective, sa constante sympathie.

Ce sont là plus que des faits, ce sont des actes.

En même temps que nous, l'Œuvre parisienne augmentait de cinq centimes ses bains-douches et préparait son troisième local qui va être édifié, 80, faubourg Saint-Antoine. Vous savez tous que M. Emile Loubet a accepté, avec la meilleure bonne grâce, de donner son nom à ce local.

L'Œuvre rochelaise a également lieu d'être satisfaite des résultats obtenus depuis sa création : 34,626 bains-douches ont été donnés par elle au cours de la première année. Elle a pour fidèles clients des personnes appartenant à ce qu'on est convenu d'appeler toutes les classes de la société. On a fait cette constatation que, de toutes les villes qui possèdent des établissements similaires, c'est encore à La Rochelle que les femmes viennent en plus grand nombre aux bains. Heureux Rochelais qui ont les femmes pour eux ! Ils sont, de la sorte, assurés du succès définitif.

Nous avons, de plus en plus, l'ardente conviction que l'Œuvre des Bains-Douches, qui, selon les paroles de M. Loubet, « arrive à des résultats aussi considérables que ses moyens d'exécution sont simples, » se répandra partout et se développera d'une façon continue. Et, comme le dit dans son excellent rapport M. Léonce Vieljeux, secrétaire général de l'Œuvre rochelaise, « le jour n'est peut-être pas bien loin où, partout en France, il deviendra enfin aussi naturel et aussi facile à tous de prendre un bain-douche, que de changer de linge. »

Acceptons-en l'augure, car, ainsi que nous le disait l'an dernier notre aimable Préfet, M. Lutaud : « Il n'est pas d'institution plus démocratique et plus populaire que celle des bains-douches. »

Et ce n'est pas devant M. l'Inspecteur d'Académie qu'il serait nécessaire d'en parler longtemps; nous avions un excellent ami en M. Durand, nous en retrouvons un parfait en M. Alliaud, qui, même avant nous, fit organiser en Algérie des bains-douches dans un lycée.

Nous espérons, quant à nous, et grâce à lui, atteindre, dans peu de temps, à Bordeaux, le million de bains-douches. Nous aurons bien le droit, ce jour-là, d'être fiers de notre œuvre, et de regarder alors où sont passés ses détracteurs. Oui, où sont-ils tous ces railleurs, tous ces fins ironistes au sourire malicieux? Où sont-ils ces chevaliers du *statu quo* et du système des « bras croisés »?

Ils ne sont plus. Nous les avons noyés sous le torrent de l'eau bienfaisante de nos pommes d'arrosoir, et ce torrent les a tous emportés.

Qu'ils reposent en paix !

DÉBITS DE TEMPÉRANCE

L'œuvre des Débits de tempérance que nous avons entreprise voilà plus de trois ans, est une œuvre difficile, aux résultats fort incertains. Si nous n'écoutions que notre tranquillité, nous y renoncerions immédiatement; mais avons-nous le droit de déserter la lutte? Nous ne le pensons pas. Dans ce combat livré à l'alcoolisme, un des plus redoutables fléaux de l'humanité, figurent, au premier rang, des hommes, hygiénistes et savants, que nous connaissons et que nous aimons. Nous les avons suivis, persuadés que, pour notre modeste part, nous contribuerions à la victoire. Nous ne pouvons nous résoudre à nous retirer; en soldats courageux, nous restons à notre poste. Mais nous sommes de plus en plus persuadés que la véritable formule est le débit-restaurant.

Les résultats de l'année 1903 pour le premier local, débit seul, n'ont pas été satisfaisants; un déficit élevé s'est produit. Aussi le Comité a-t-il décidé de fermer provisoirement cet établissement; cela a été fait à la date du 1er janvier 1904; nous l'avons rouvert ces jours-ci après entente avec le gérant.

Nous croyons que nous n'avons pas fait assez de réclame, assez de bruit autour de cette œuvre. Il eût fallu peut-être des coups de grosse caisse et de tam-tam afin d'attirer les regards sur nous; car ce qu'il faut, c'est frapper l'esprit des enfants et des femmes, pour tâcher d'arrêter la jeunesse de France sur cette pente fatale où elle se laisse trop facilement entraîner.

Ce que nous voudrions, avec M. Casimir-Perier, « c'est qu'on remplisse d'alcool les lampes, les réservoirs des automobiles, les foyers des chaudières, et qu'on ne le verse pas dans les estomacs. » Ce que nous voudrions, avec M. Cheysson, c'est qu'on eût toujours présentes à l'esprit les quatre portes par où passe l'alcoolisme et qui aboutissent : la première à l'hôpital de la tuberculose, la seconde à la dalle de la morgue, la troisième à la cellule du bagne, et la quatrième au cabanon du fou.

CRÈCHE DE LA BASTIDE

J'ai gardé, Mesdames et Messieurs, et vous ne m'en voudrez certainement pas, l'enfant pour la fin. Le regard se repose, en effet, avec plaisir, sur les petits pensionnaires de la Crèche de La Bastide qui sont l'objet de la vigilance constante des dames du Comité, si dévouées, si assidues dans l'accomplissement de leur tâche délicate.

Grâce à elles, la Crèche de La Bastide a fait quelque bien, puisqu'au 31 décembre dernier on avait enregistré 76,729 présences; mais ces dames ont pensé qu'elles pourraient en faire davantage, si elles faisaient construire un autre local plus grand, plus aéré, plus hygiénique, mieux approprié enfin au but poursuivi. Elles ont jeté les yeux sur un terrain appartenant à la Ville et situé rue de Nuits; il est actuellement occupé par ce qu'on persiste à appeler un « marché ». Ces dames ont adressé une demande à la Ville qui a accueilli avec bonne grâce ces ouvertures. Dans sa séance du 29 mars dernier, le Conseil municipal, sur la proposition de M. le Maire, a décidé d'ouvrir des pourparlers avec le Comité de la Crèche de La Bastide, pour la cession gratuite d'un terrain nécessaire à la construction d'une crèche. Il y a donc lieu d'espérer que l'accord se fera.

Suivant l'usage, la plus grande partie des fonds serait fournie par le pari mutuel; le reste serait avancé par la Société bordelaise des Habitations à bon marché, suivant la décision prise par l'Assemblée générale, il y a déjà deux ans.

Vous dirai-je qu'une fête se prépare pour augmenter les ressources? Vous le savez déjà. Et d'ailleurs, ces dames ne se sont jamais arrêtées dans l'organisation de ces fêtes, depuis 1891, date de la fondation. Tout le monde sait, à Bordeaux, le succès que ces fêtes ont obtenu. Comment en serait-il autrement? Ce que femme veut,... nous le voulons tous aussi.

1891! Cette date nous reporte bien loin en arrière et nous fait songer que la Crèche de La Bastide est l'aînée des quatre œuvres réunies aujourd'hui.

Honneur à la doyenne! Saluons-la de notre sympathie, de notre affection et... de notre offrande. Et, au moment où Bordeaux s'associe au mouvement de reconnaissance qui se produit en faveur de Théophile Roussel, honorons, en un jour tel que celui-ci, la mémoire de ce philanthrope dont le programme qui nous a inspirés, peut se résumer en ces mots : l'hygiène des travailleurs, la lutte contre l'alcoolisme ou contre la tuberculose, la protection des enfants du premier âge, le sauvetage des enfants moralement abandonnés, l'assistance médicale dans les campagnes, l'éducation des jeunes détenus et le patronage des libérés.

***

J'ai terminé, Mesdames et Messieurs, vous me pardonnerez si j'ai été un peu long, j'ai essayé de dégager la pensée maîtresse qui a présidé à la création de nos quatre œuvres; j'ai essayé de montrer la communauté de sentiments qui ont inspiré et qui inspirent encore leurs fondateurs. Le désir de faire le bien les anime. Ils se sentent pénétrés de reconnaissance pour tous ceux qui les ont aidés dans cette croisade entreprise contre les impuretés physiques et morales, et contre les deux redoutables fléaux qui fauchent tant d'existences. L'entente la plus parfaite, l'amitié la plus étroite règnent toujours entre eux, et ils demeurent debout, en bloc compact, pour continuer leur œuvre de solidarité sociale.

Vous me permettrez de rendre un hommage mérité à nos trois chefs : Mlle Gounouilhou, M. Bayssellance et M. Hausser, dont le dévouement est à la hauteur de toutes les circonstances. Ce sera, pour moi, l'honneur de ma vie d'avoir vécu à côté d'eux, d'avoir été entraîné par leur exemple et soutenu par leur affection.

Je me rappelle toujours — et j'ai pu constater combien il est vrai — ce mot du regretté M. Couat : « La contagion du bien est au moins aussi grande que la contagion du mal. »

Cette contagion du bien, je l'ai éprouvée auprès de ceux dont je viens de citer les noms aimés de tous, ici. Et ce sont des âmes comme les leurs qui inspiraient M. Casimir-Perier, lorsqu'il disait :

« C'est l'honneur de notre temps de comprendre la connexité des questions sociales et de réunir, pour soulager les misères physiques ou morales, tous ceux qui aiment leur pays et qui se sentent solidaires des souffrances humaines. Qu'importent alors les convictions philosophiques ou religieuses, les divisions de la politique, les misérables rivalités de l'ambition personnelle ; nous regardons si haut que tout cela est à nos pieds ; nous voulons offrir à la France un terrain où elle se sente comprise et où elle se sente unie.

» Donnons-nous la main et travaillons ensemble ! »

DISCOURS DE M. L. MABILLEAU

MESDAMES,

MESSIEURS,

Je suis aussi confus qu'heureux et fier d'avoir été appelé à une présidence où m'ont précédé tant d'hommes éminents par leurs talents et par leurs mérites.

Je n'ai à vous apporter qu'un sincère désir de m'instruire et une grande bonne volonté. C'est peu pour le rôle que vous m'avez donné aujourd'hui; aussi dois-je compter tout à fait sur votre indulgence.

On a coutume, dans les villes où passent les visiteurs parisiens, de les remercier de l'intérêt qu'ils témoignent pour les œuvres qu'ils viennent visiter, et même quelquefois de les remercier pour les services, les enseignements qu'on prétend qu'ils apportent. On se trompe. La vérité est que les visiteurs sont les seuls qui aient le droit de remercier ce qu'on fait pour eux.

A Paris, il y a beaucoup de livres, de documents de toutes sortes, et aussi beaucoup d'œuvres; mais les œuvres sont un peu lointaines, et les livres plus lointains encore de la réalité, et, par conséquent, de l'esprit qui en est curieux. C'est sur place, dans ces grandes villes qui sont pour moi les véritables capitales de la prévoyance et de la bienfaisance sociales, — comme Bordeaux l'est au premier rang, au premier chef, — c'est là qu'il faut aller étudier de près le développement réel des œuvres dont nous faisons au loin la théorie. Permettez-moi de vous dire que peu de personnes les suivent de plus près que moi qui, depuis sept ou huit ans, vis au centre des idées, des documentations et des informations concernant les choses sociales; et chaque fois que j'arrive à toucher du doigt, à voir de près les œuvres dont il s'agit, je m'aperçois qu'il y a un abîme entre ce que j'ai cru et ce qui est.

Vraiment, les œuvres du genre de celles que j'ai visitées aujourd'hui avec les honorables MM. Bayssellance et Cazalet, peuvent être considérées comme formant dans leur ensemble une espèce d'Ecole pratique des Hautes Etudes sociales — et cette école est bien plus nécessaire encore que l'école théorique.

Dans ces visites, si courtes lorsqu'on pense à ce qu'on laisse d'inachevé et de mal vu, on trouve à la fois un charme et un profit toujours nouveaux.

Ici, le charme était de deux sortes : un charme de souvenir. Par un pieux sentiment auquel je tiens à rendre hommage, M. Cazalet m'a conduit au groupe d'habitations qui porte le nom du grand philanthrope, à l'œuvre duquel je m'honore d'être associé, du comte de Chambrun. C'est là, Mesdames et Messieurs, un nom que je ne prononcerai jamais sans émotion, et cette émotion n'a rien de factice ; les dernières années de la vie du comte de Chambrun, je les ai pour ainsi dire partagées, et je sais de quel ardent amour du bien il était animé. Chaque fois que je rencontre, dans mes courses à travers la France, à travers le monde même, la trace de son passage, quelque chose me frappe au cœur et me rappelle ce que nous avons perdu.

A côté du nom du comte de Chambrun, j'ai retrouvé les noms qui vous étaient rappelés tout à l'heure, ceux d'hommes qui méritent d'être honorés à l'égal du grand philanthrope : MM. Siegfried, Cheysson, Georges Picot, Brouardel, Casimir-Perier. Tous ceux-là ont donné, grâce à vous, mon cher Secrétaire général, des noms à des œuvres qui perpétueront, mieux qu'une réputation, une volonté constante de faire le bien, durable par-delà la tombe.

Et puis, à ce charme de souvenir s'en joignait un autre : celui des relations. J'ai été heureux de trouver — ou de retrouver ici des hommes d'un commerce infiniment précieux. Au premier rang, M. le préfet Lutaud, qui, lorsqu'on l'a rencontré, reste dans votre esprit avec le besoin de le rencontrer de nouveau ; M. Charles Cazalet, avec qui je suis déjà depuis longtemps en collaboration, comme tous ceux qui travaillent à l'amélioration sociale. J'ai connu là M. Bayssellance, M. Cahen et beaucoup d'autres. Cela suffirait, Mesdames, Messieurs, à ce que je pusse marquer d'un caillou blanc ces deux journées.

En réalité, ce n'est pas tout. Il y a le profit positif aussi que j'emporte de cette visite. Tout d'abord, comme je le disais, j'ai vu fonctionner de très près, dans des conditions d'indépendance, de réalité complète et immédiate, des institutions ou des œuvres que généralement, comme tant d'autres, je ne connais que par des comptes rendus. J'avais, sur la façon de gérer les habitations à bon marché, des idées qui me semblaient justes et qui, après avoir été passées au creuset de l'expérience, m'apparaissent maintenant inexactes, fausses même quelques-unes. J'ai été éclairé grâce à l'obligeance de M. Cazalet, et je lui en sais beaucoup de gré.

Puis j'ai vu — ce qui vaut mieux, à d'autres égards — j'ai vu quelles peuvent être la fécondité et la variété de l'esprit d'initiative et de l'esprit d'association. Oh! cela, Mesdames et Messieurs, c'est l'enseignement qu'on ne donnera jamais assez en France, non pas seulement aux visiteurs qui viennent de loin, mais aux habitants mêmes des villes, qui ne connaissent pas toujours très bien la valeur de ce qui se fait autour d'eux.

Au temps où l'on prêche de toutes parts la bienfaisance de l'action légale, de l'intervention de l'Etat, action et intervention qui sont, par leur nature même, uniformes, rectilignes, qui aboutissent nécessairement à des formules enveloppant trop les cas concrets dans un réseau où ce qu'il y a de vivant disparaît, s'évapore, qu'on est heureux de voir fleurir et fructifier des œuvres qui sortent pour ainsi dire des entrailles de la démocratie!

J'ai visité hier des patronages, des mutualités, une Société d'Education sociale, des Sociétés mutualistes. J'ai vu aujourd'hui des crèches, des habitations à bon marché de divers ordres, de diverses formes, de divers types; j'ai vu des bains-douches, un restaurant, des débits de tempérance... et je sens bien que je n'ai pas tout vu... qu'il y a encore au delà une foule d'œuvres ébauchées qui ne demanderaient sans doute qu'un peu d'attention, d'aide, de coordination, pour donner des résultats bien supérieurs à ceux qu'elles donnent déjà. C'est là un spectacle infiniment consolant.

Je ne sais pas du tout ce que fera le Parlement en ce qui concerne les grandes idées de prévoyance dont notre pays est en ce moment obsédé, hanté; il est bien possible qu'il veuille commencer par faire une loi sur les retraites ouvrières atteignant surtout les vieillards qui ont passé l'âge de travailler. Quoi qu'il fasse, une œuvre de cette nature ne remplacera pas les autres, celles qui ont été créées jusqu'ici par l'initiative libre.

Lorsque, devant la Commission de prévoyance et d'assurance sociales, puis devant le groupe de la Mutualité de la Chambre, nous avons été invités à faire connaître notre pensée sur le projet des retraites ouvrières et sur le projet d'assurance légale et obligatoire, nous avons dit : « Si vous croyez nécessaire d'aller plus vite que ne va dans la vie l'effort des individus et des associations, faites, tentez; mais au moins ne touchez pas à ce qui est. Souvenez-vous que l'œuvre de prévoyance qui agit à tous les instants et sur tous les actes de la vie, qui améliore chaque jour le sort de l'ouvrier, est bien supérieure pour la préparation d'une vieillesse heureuse qu'un prélèvement qui consiste à l'appauvrir un tout petit peu en vue de l'éventualité hypothétique et peut-être chimérique où on lui donnera, après le travail, un morceau de pain. La meilleure manière de préparer la retraite, c'est peut-être de ne pas songer à la retraite, mais de penser tout le temps à la prévoyance de chaque jour afin d'arriver au but, non pas indigent, usé, éteint et affaibli par la vie, mais droit, énergique et maintenu dans l'aise par le sentiment constant des responsabilités d'aujourd'hui et de demain. » *(Applaudissements.)*

L'heure passe et non seulement je dois me souvenir que vous avez entendu déjà parler des œuvres dont il s'agit et que vous connaissez mieux que moi, ce qui me dispense de vous en parler; mais je me souviens aussi que je devrai, ce soir, quitter votre ville et que, par conséquent, je n'ai pas le droit d'étendre trop longuement les observations qu'il m'est si agréable de vous présenter.

Il y en a une pourtant que je crois nécessaire. Ce qu'il y a de plus excellent, — si je puis risquer cette forme, non peut-être tout à fait grammaticale, — ce qui est plus excellent que tout le reste dans les œuvres que nous venons de fêter pour ainsi dire, c'est l'effort de coordination qui résulte du rapprochement de toutes ces tentatives et qui doit entraîner une plus-value considérable pour la résistance. On a souvent dit que la France n'était pas un pays fait pour l'association. N'en croyez rien. C'est peut-être le pays du monde où il y a le plus d'associations. Lorsque, en 1900, la Commission de prévoyance et d'assurance sociales, dont je faisais partie, chercha à faire la statistique des œuvres d'intérêt économique et social, elle rencontra dans les diverses catégories qui s'offraient à elle plus de 40,000 sociétés. Il y avait, à ce moment-là, 15,000 sociétés de secours mutuels — il y en a 18 à 19,000 maintenant; il y avait des milliers de syndicats; il y avait 2,000 coopératives, une foule de sociétés d'assistance; plus de 2,000 dans Paris seulement. Il y avait dans toute la France et partout des groupes de personnes dévouées qui travaillaient à améliorer le sort de leurs semblables... Mais qui le savait?.. Ceux qui faisaient le bien et ceux qui le recevaient, voilà tout. Point d'union entre les œuvres, point d'entente. On s'ignorait. Or, vous le savez bien — et c'est un mot d'Herbert Spencer qui a été souvent rappelé : — un tas de pierres n'est pas un être; de même 40,000 sociétés, qui ne se connaissent pas, ne sont pas une institution; elles n'ont pas une unité de direction et, par conséquent, n'aboutissent pas à l'unité de résultats. Bien mieux encore, des efforts réellement convergents peuvent se nuire réciproquement; ainsi voit-on des sociétés de secours mutuels d'un même quartier se tirer dessus, cherchant non pas seulement à attirer des partisans d'un côté plutôt que de l'autre, mais à empêcher, l'une, le succès de l'autre. C'est heureusement, infiniment rare, et je vous demande pardon d'avoir évoqué un instant ce fait.

Si nous nous plaçons à un autre point de vue, au point de vue matériel, nous retrouvons le même besoin de coordination des efforts, et cette nécessité apparaît plus évidente encore. La mutualité, par exemple, a pour but principal de soigner ses membres malades. Or, pour intervenir, elle attend qu'ils soient malades, qu'ils soient incapables de travailler; alors, elle leur paie les frais de médecin et de pharmacien; elle leur donne une indemnité. On attend tranquillement qu'ils soient guéris.

Est-ce agir de la meilleure façon?... Mais non. Le meilleur moyen serait de tâcher d'améliorer les conditions de la vie de façon à empêcher de se produire les maladies inutiles — et vous entendez bien ce que je veux signifier par ce mot — combien d'infortunes, de souffrances n'éviterait-on pas en agissant ainsi!

Dans un petit opuscule que j'ai là sous les yeux, et que je laisse à M. Cazalet, — opuscule intitulé *l'Alliance d'hygiène sociale*, — M. le Dr Brouardel, que vous applaudissiez l'année dernière, disait : « Art. 1. La tuberculose est souvent curable. — Art. 2. Elle est toujours évitable. » Mais pour cela il faut des soins, des conditions d'hygiène sérieuses.

Nous venons d'avoir aujourd'hui un exemple bien typique, qui confirme ce que je viens de dire. Permettez-moi de vous le citer, quoique ce soit avec tristesse que ce souvenir me revienne, tristesse qui a été partagée par nous tous. Nous avons visité deux ou trois maisons à la fondation Cruse, où nous avons trouvé de nouveaux locataires emménagés depuis un, deux, quatre ou six mois, et où, parmi des familles nombreuses, la tuberculose accomplissait son œuvre épouvantable. Ici, il y avait un fils qui était au Sanatorium; là, il y avait une fille qui râlait; au-dessus, deux autres nouveaux locataires : on se demandait s'ils étaient déjà atteints. Pour tous ces malades, pendant longtemps, on n'avait rien fait! Maintenant, au moins, ils ont l'essentiel : des maisons saines, de l'air, de la lumière, etc. Au cours de notre visite, nous avons pu constater combien étaient appréciées ces conditions d'hygiène ; nous avons rencontré une mère qui, parlant de son enfant, s'est exprimée ainsi : « Mais je ne la soigne même plus, parce qu'elle peut respirer le grand air à toute heure, dans une maison propre, saine, non humide, neuve, intacte, par conséquent exempte des germes de mort qui flottaient dans notre ancienne demeure, qui étaient incrustés dans les murs et dans les bois, et déjà elle se sent un peu mieux. »

La meilleure manière de soigner le malade, c'est donc de le placer dans les conditions normales de la vie.

Il faut commencer par l'habitation; il faut lui offrir une maison saine, à bon marché, en l'intéressant à la propreté, à la conservation de cette maison.

Ce n'est là qu'un commencement. La propreté de la maison n'est rien, si elle n'est pas jointe à la propreté du corps. Il faut des bains-douches.

Les enfants qui naissent ont besoin d'être soignés, surveillés, entretenus. Il faut créer des crèches; puis il faut combattre l'alcoolisme, les excès qui sont les pourvoyeurs de tous les fléaux, etc.

L'énumération serait longue si on la désirait complète. Celle qui précède suffit pour vous montrer que c'est au dehors que la mutualité doit chercher, qu'elle va chercher les concours dont elle a besoin.

La meilleure manière, disais-je tout à l'heure, de préparer sa retraite, c'est de n'y pas songer et de bien travailler en épargnant. La meilleure manière de soigner ses malades, c'est d'éviter qu'ils ne tombent malades, en ne faisant rien de ce qui attire la maladie.

Ce sont là des idées sur lesquelles je n'ai pas besoin d'insister; vous les avez déjà comprises puisque, à Bordeaux, vous êtes entrés avec ardeur dans la voie dont j'ai tracé à grands traits les lignes principales. J'appellerai seulement votre attention sur l'utilité de la coordination des œuvres d'intérêt social, sur la nécessité de pousser à bout cette idée, de réaliser l'union générale des œuvres de votre ville à l'exemple des plus importantes de nos cités françaises. De cela, M. Cazalet vous a déjà dit quelques mots pleins de promesses.

Il y a quelque temps, M. Cazalet est venu à Paris, mandé par notre Comité de l'Alliance d'hygiène sociale, que préside M. Casimir-Perier, et où j'ai l'honneur de siéger à côté de MM. Cheysson, Siegfried, Strauss et tant d'autres. M. Cazalet nous a exprimé l'idée que Bordeaux paraissait prêt pour l'action décisive; pour créer une alliance effective de tous les modes de lutte contre le fléau, contre la misère, contre la maladie, contre le mal.

Puisque le moment semble propice, n'hésitez pas : essayez, vous réussirez prochainement, — j'en suis assuré, — à grouper tous les éléments si considérables que possède votre cité dans l'ordre de la prévoyance et de l'assistance sociales. Vous n'aurez alors qu'à faire une signe au Comité que préside M. Casimir-Perier, et tous nous accourrons, non pas à votre aide — vous n'en avez pas besoin — mais pour vous apporter l'assurance que tout ce qu'il y a de généreux, de sensible et d'humain dans notre pays est avec vous; que vous êtes dans la bonne voie et que nous serons toujours heureux de marcher à côté de vous, la main dans la main, pour montrer notre accord. *(Applaudissements.)*

Mesdames, Messieurs, les idées de solidarité et de fraternité effectives sont en train de conquérir le monde et d'achever de conquérir la France. Partout, dans tous les ordres d'activité et de pensée, elles tendent à dominer.

Cet instinct de solidarité et de fraternité emplit même aujourd'hui l'âme des poètes. Il y en a un — c'est le plus grand de ceux qui nous restent, puisque Hugo est parti — Sully Prudhomme, qui commença par être un parnassien; qui crut à la beauté aimable, impassible; qui un jour, en un moment de blasphème, osa se plaindre qu'il y eût dans le monde des couleurs vivantes capables d'émouvoir les cœurs au lieu de charmer simplement les yeux. Vous connaissez sans doute le beau sonnet, que je ne veux pas dire en entier, mais dont je vous rappelle seulement les premiers vers qui sont si musicaux, malgré l'impertinence du sentiment :

S'il n'était rien de bleu que le ciel et la mer,
De blanc, que les épis, de rose que les roses;
S'il n'était de beauté qu'aux insensibles choses,
Le plaisir d'admirer ne serait pas amer.

Il regrette qu'il soit amer! Il voudrait pouvoir considérer l'univers avec l'œil de l'artiste et du peintre, l'œil du dilettante, sans s'émouvoir des cœurs qui battent, du sang qui coule dans les veines, de tout ce qu'il y a de misères et de douleurs!

Eh bien, l'homme a vieilli. Il a vieilli avec son temps, car nous sommes dans un temps très vieux. Il a vieilli, et aujourd'hui il ne pense plus de même. Je crois bien qu'un de ses derniers sonnets, sinon le dernier, est celui que je vais vous dire en finissant.

Le poète évoque dans son imagination l'image d'une cité vue en rêve, où chacun travaillerait pour soi, où l'égoïsme pur réglerait tous les actes :

Le laboureur m'a dit en songe : « Fais ton pain,
Je ne te nourris plus; gratte la terre et sème »;
Le tisserand m'a dit : « Fais tes habits toi-même »,
Et le maçon m'a dit : « Prends ta truelle en mains ».

Et seul, abandonné de tout le genre humain,
Dont je traînais partout l'implacable anathème,
Quand j'implorais du Ciel une pitié suprême,
Je trouvais des lions debout sur mon chemin.

Mais c'était un rêve...

J'ouvris les yeux, doutant si l'aube était réelle;
De hardis compagnons sifflaient sur leur échelle,
Les métiers bourdonnaient, les champs étaient semés.
Et je conclus alors qu'en ce monde où nous sommes,
Nul ne peut se vanter de se passer des hommes;
Et, depuis ce jour-là, je les ai tous aimés!

(Salve d'applaudissements.)

Mesdames, Messieurs, je vous dis : Au revoir. D'autres présideront vos fêtes. Je serai toujours heureux d'y être associé. *(Ovation prolongée.)*

N° 19.

Médaille de la Société Française des H. B. M. "Une Famille, un Foyer"

SOCIÉTÉ BORDELAISE

des Habitations à Bon Marché

Fondée le 28 décembre 1893

SOUS LE PATRONAGE

DE LA SOCIÉTÉ FRANÇAISE DES HABITATIONS A BON MARCHÉ

Au Capital de 70,000 francs, élevé à 250,000 francs

Actions et obligations admises à la Cote officielle de la Bourse.

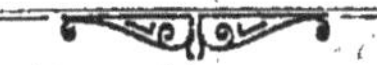

STATUTS

Approuvés par M. le Ministre du Commerce, le 11 mars 1896.

RÉSULTATS DE L'ANNÉE 1903

DIXIÈME ANNÉE

> La question du logement est la *première* des questions sociales.
> Jules SIEGFRIED.

Adresser la Correspondance :

A M. Charles CAZALET, Administrateur délégué

AU SIÈGE SOCIAL :

8, rue Reignier, La Bastide-BORDEAUX

2

PROMOTEURS, SÉANCES D'INAUGURATION ET CONFÉRENCES

MM. A. BAYSSELLANCE; A.-E. HAUSSER,
Charles CAZALET; E. GÉRARD; Albert TOUZIN.

Séance de fondation du 28 décembre 1893,
Sous la présidence de M. A.-E. HAUSSER, Ingénieur en chef des Ponts et Chaussées,
Président de la Société Philomathique.

Inauguration du Groupe Jean Dollfus, le 2 octobre 1894,
Sous la présidence de M. JULES SIEGFRIED, député du Havre,
ancien Ministre du Commerce,
Président d'honneur de la Société Française des Habitations à bon marché

Conférence de M. Georges Picot,
MEMBRE DE L'INSTITUT
Président de la Société Française des Habitations à bon marché.

Assemblée générale du 30 mars 1895,
Sous la présidence de M. FRÉDÉRIC PASSY, Membre de l'Institut.

Congrès des 20, 21 et 22 octobre 1895,
Sous la présidence de M. GEORGES PICOT.

Inauguration du Groupe Jules Simon, le 20 octobre 1895,
A l'occasion du Congrès des Habitations à bon marché,
par M. ANDRÉ LEBON, Ministre du Commerce, de l'Industrie,
des Postes et des Télégraphes.

Inauguration du Groupe Jules Siegfried, le 18 octobre 1896,

En présence de M. et Mme JULES SIEGFRIED.

Inauguration du Groupe Georges Picot, le 6 octobre 1898,

En présence de M. GEORGES PICOT.

Inauguration des Groupes Émile Cheysson et de Chambrun, le 12 avril 1900,

Sous la présidence de M. DECRAIS, Ministre des Colonies,
et en présence de
M. ÉMILE CHEYSSON, Inspecteur général des Ponts et Chaussées.

Inauguration du Groupe Frédéric Passy, le 13 avril 1902,

En présence de M. FRÉDÉRIC PASSY, Membre de l'Institut.

Assemblée générale extraordinaire du 10 octobre 1902,

Sous la présidence de M. FERNAND FAURE, ancien Député de la Gironde,
Directeur honoraire de l'Enregistrement, des Domaines et du Timbre.

Assemblée générale du 30 mars 1903,

Sous la présidence de M. GABRIEL FAURE, Membre et ancien
Président de la Chambre de commerce de Bordeaux.

Assemblée générale du 25 avril 1904.

Sous la présidence de M. MABILLEAU, Directeur du Musée Social,
Président de la Fédération Nationale de la Mutualité.

MEMBRES D'HONNEUR

DE LA

Société Bordelaise des Habitations à Bon Marché

MM.

* SIMON (Jules), ✻, Sénateur, ancien Président du Conseil des Ministres, Membre de l'Académie Française.

SIEGFRIED (Jules), O. ✻, ancien Ministre du Commerce, ancien Maire du Havre, Président du Comité supérieur des Habitations à bon marché.

PICOT (Georges), ✻, Membre de l'Institut, Président de la Société Française des Habitations à bon marché.

CHEYSSON (Émile), O. ✻, ✪ I., membre de l'Institut, Inspecteur général des Ponts et Chaussées, Vice-Président de la Société Française des Habitations à bon marché, Président de la Société des Habitations ouvrières de Passy-Auteuil.

* RAYNAL (David), Sénateur de la Gironde, ancien Ministre des Travaux publics et de l'Intérieur.

GRUET (Charles), ancien Député de Bordeaux, Membre du Conseil supérieur des Habitations à bon marché.

* LABAT (Théophile), ✻, Député de Bordeaux.

BERNIQUET (Maurice), C. ✻, ✪ I., ancien Préfet de la Gironde.

DANEY (Alfred), C. ✻, ✪ I., Maire de Bordeaux.

THOUNENS ✻, sénateur, président du Conseil général de la Gironde.

BESSE ✻, président de la Chambre de commerce de Bordeaux.

BAYSSELLANCE (ADRIEN), O. ✻, ancien Maire de Bordeaux et Président de l'Œuvre Bordelaise des Bains-Douches à bon marché.

DEZEIMERIS, O. ✻, ✪ A., ancien Président du Conseil général de la Gironde.

* TRARIEUX, Sénateur de la Gironde, ancien Ministre de la Justice, Garde des Sceaux.

MONIS, Sénateur de la Gironde, ancien Ministre de la Justice, Garde des Sceaux.

FRÉDÉRIC PASSY, O. ✻, ✪ I., Membre de l'Institut.

HEURTEAU, O. ✻, Directeur de la Compagnie d'Orléans.

BLAGÉ, O. ✻, Directeur de la Compagnie du Midi.

LEBON (ANDRÉ), ✻, ancien Ministre des Colonies, ancien Ministre du Commerce, de l'Industrie, des Postes et des Télégraphes.

* Comte DE CHAMBRUN, O. ✻, Fondateur du Musée social.

FAURE (GABRIEL), O. ✻, ancien Président de la Chambre de Commerce de Bordeaux, vice-président de la Commission des hospices.

DECRAIS, G. O. ✻, Sénateur de la Gironde, ancien Ministre des Colonies.

FERNAND FAURE, O. ✻, ✪ I, ancien Député de la Gironde, Directeur honoraire de l'Enregistrement, des Domaines et du Timbre.

LUTAUD (CH.), O. ✻, Préfet de la Gironde.

BROUARDEL, O. ✻, Membre de l'Institut, Président du Comité consultatif d'hygiène publique de France.

MABILLEAU (Léopold), O. ✻, Directeur du Musée social, Président de la Fédération nationale de la Mutualité, Professeur au Collège de France.

* *Décédé.*

CONSEIL D'ADMINISTRATION

Président :

M. A.-E. HAUSSER, O. ✻, 🙰 I., Ingénieur en chef des Ponts et Chaussées, Ingénieur en chef à la Compagnie des Chemins de fer du Midi, Membre du Conseil supérieur des Habitations à bon marché, Président de l'Œuvre Parisienne des Bains-Douches à bon marché.

Vice-Présidents :

MM. le Docteur LANDE, O. ✻, 🙰 I., ancien Maire de Bordeaux.
CAHEN (Ernest), 🙰 I., ancien adjoint au Maire de Bordeaux.

Trésorier :

M. LARRUE (Jules), 🙰 I., Négociant.

Secrétaire :

M. TRIAL (Alphonse), 🙰 I., Agent général de la Compagnie des Eaux de Vichy.

Membres :

MM. BOUCHARD (Julien), Négociant.
CAZALET (Benjamin), 🙰 A., Négociant.
FAUGÈRE, ✻, Ingénieur, Directeur de la Compagnie des Tramways à vapeur de Bordeaux à Cadillac.
FAURE (Gabriel), O. ✻, ancien Président de la Chambre de Commerce de Bordeaux, vice-président de la Commission des hospices.
FORSANS (Jules), Juge au Tribunal de Commerce.
HOUNAU, ✻, 🙰 A., Négociant.
LESCA (Léon), ✻, ancien Conseiller général de la Gironde.
LOURSE (Numa), Propriétaire.
LUZE (Charles de), 🙰 A., Négociant.
MILLET (I.), O. ✻, Ingénieur en chef des Ponts et Chaussées.

MM. RODBERG (CHARLES), ✠, Ingénieur-Directeur de la Compagnie du Gaz.

TOUZIN (ALBERT), ✪ I., Architecte.

BONNIN, ✪ I., LOLIVIER, PICON, ✻, Membres du Conseil des Directeurs de la Caisse d'épargne de Bordeaux.

Administrateur délégué :

M. CAZALET (CHARLES), O. ✻, ✪ I., ancien adjoint au Maire de Bordeaux, Secrétaire général de l'Œuvre Bordelaise des Bains-Douches à bon marché.

Architecte :

M. TOUZIN (ALBERT), ✪ I.

Commissaires :

MM. COUTURIER (ÉMILE), Adjoint au Maire (Division des Finances), Conseiller général de la Gironde.

ROBERT (ÉMILE), Négociant.

Conseil juridique :

MM. BERTIN, ✻, Avocat, Conseiller général de la Gironde.

CHAMBARIÈRE, Notaire.

MIMOSO, Avoué.

Notaire :

M. CHAMBARIÈRE (FERNAND).

Banquiers :

La Société Bordelaise de Crédit industriel et commercial et de dépôts, 42, cours du Chapeau-Rouge. — M. CHALÈS, Directeur.

Agent de Change :

M. DUBOIS (JUST.), ✻, Syndic honoraire de la Compagnie des Agents de Change.

Chef de la Comptabilité :

M. DÉJEAN (FERNAND), ✪ A., Actionnaire, fondé de pouvoir de la Maison Cazalet et fils.

Huissier :

M. AUGER, 4, place du Pont, La Bastide.

COMMISSION DES JARDINS OUVRIERS

Président :

Le Commandant GRANDJEAN (O. ✻), président du Bureau de Bienfaisance de La Bastide.

Vice-Président :

CATROS-GÉRAND, ✻, président de la Société d'Horticulture.

Secrétaire :

BENJ. CAZALET (O A.), membre du Conseil d'administration de la Société bordelaise des Habitations à bon marché.

Trésorier :

RAVOUX, ✻, membre du Bureau de Bienfaisance de La Bastide.

Membres :

MM. ALP. TRIAL (O I.); JULES LARRUE (O I.); BOUCHON fils; MAURAIN (O A.); DONIS (O A.); DAUREL.

MAISONS INDIVIDUELLES AVEC JARDIN

1894. — 1er Groupe : Groupe JEAN DOLLFUS	15
1895. — 2e Groupe : Groupe JULES SIMON.	28
1896. — 3e Groupe : Groupe JULES SIEGFRIED	15
1897. — Maison isolée : 138, rue du Hautoir.	1
1898. — 4e Groupe : Groupe GEORGES PICOT	17
1899. — 5e Groupe : Groupe ÉMILE CHEYSSON*	7
1900. — Exposition à Paris.	
1901. — 6e Groupe : Groupe DE CHAMBRUN*	11
1902. — 7e Groupe : Groupe FRÉDÉRIC PASSY*	7
1903. — Fondation FRÉDÉRIC et HENRI CRUSE*	3
1904. — Maison isolée : rue de Cestas	1
1904. — 8e Groupe : Groupe ÉMILE LOUBET*	8
	113

1905. — 9e Groupe : Groupe CASIMIR-PERIER.

(*) Chacune des maisons des Groupes suivis d'un astérisque possède un bain-douche.

Echelle de 0m,005 m/m p. mètre.

FONDATION CRUSE

ASSEMBLÉE GÉNÉRALE DU 25 AVRIL 1904

Les actionnaires de la Société bordelaise des Habitations à bon marché se sont réunis en Assemblée générale le 25 avril 1904, à quatre heures du soir, à l'Athénée, sous la présidence de M. Mabilleau, directeur du Musée social, président de la Fédération nationale de la Mutualité, professeur au Collège de France, assisté de M. Cahen, vice-président, Charles Cazalet, administrateur délégué, et Jules Larrue, trésorier.

ORDRE DU JOUR :

1. Procès-verbal;
2. Rapport du Secrétaire;
3. Rapport des Commissaires;
4. Approbation des Comptes et du Bilan;
5. Fixation du dividende proposé à 4 % par le Conseil d'administration;
6. Budget 1904;
7. Fondation Frédéric et Henri Cruse;
8. Groupe Émile Loubet;
9. Groupe Casimir-Perier;
10. Élection du tiers sortant du Conseil d'administration;
11. Élection des Commissaires;
12. Questions diverses.

Le procès verbal de la dernière Assemblée générale est adopté sans observations.

RAPPORT DU CONSEIL D'ADMINISTRATION

MESDAMES,

MESSIEURS,

Pour nous conformer à l'article 35 de nos Statuts, nous avons l'honneur de vous présenter les résultats financiers du dixième exercice de notre Société et de soumettre à votre appréciation nos comptes annuels, le projet de répartition des bénéfices et le projet de budget pour 1904.

Suivant l'usage établi, nous vous avons adressé, avec la convocation à l'Assemblée générale de ce jour :

1° Le tableau de l'exploitation de l'année 1903;

2° Le bilan de la Société au 31 décembre 1903;

3° Le résumé des opérations de cette caisse;

4° Le projet de budget pour 1904.

Vous avez donc en main, Messieurs, à peu près tous les éléments qui vous sont nécessaires pour vous éclairer. Néanmoins, voici l'analyse sommaire du bilan.

Ainsi qu'il ressort de ce bilan soumis à votre appréciation, le compte des profits et pertes présente un bénéfice de 11.087 fr. 35 sur lequel, obligatoirement, un vingtième doit être versé à la *première réserve*.

ACTIF

Immeubles et terrains	Maisons	Vendues . . F.	101,950 »	
		en cours d'achat.	442,759 39	544,709 39
	Maisons en location simple.			268,248 92
				812,958 31
	Terrains.			»
Prêts consentis à des locataires				»
Sommes restant dues sur les actions				»
Comptes Débiteurs divers	Terme du 31 décembre 1903	Loyers simples . . .		»
		Amortissement des acquéreurs . . .		»
		Avances à recouvrer		»
	Loyers simples en retard.			»
	Avances à recouvrer			»
	Débiteurs divers	B.-D. Paris. . . .	39,250	
		B.-D. Bordeaux.	30,000	
		Débit de temp. .	3,500	72,750 »
	Frais de premier établissement.			51,348 46
Sommes disponibles . .	En caisse.			3,969 20
	En compte courant.			16,128 53
	En portefeuille.			40,179 20
	Total égal. . . . . F.			997,333 70

PASSIF

Capital social . . . . F.			250,000 »
Emprunts (restant à solder)	Compagnie d'Orléans	66,000 »	
	— du Midi	67,900 »	
	Société de Crédit H. B. M. . .	202,500 »	
	Caisse d'Epargne	89,000 »	
	Mlles Gérard	10,357 85	435,757 85
Compte d'amortissement (actif des Locataires avec promesse de vente)			235,007 24
Comptes créditeurs	Coupons d'actions non payés		345 »
	Coupons d'obligations non payés		»
	Versement de MM. Cruse pour fondation Cruse		20,000 »
	Loyers payés d'avance		»
	Avances Banque de France		11,831 49
	Créances diverses		»
Moins-values diverses			5,912 66
Excédent de l'exploitation Cruse			129 45
Mitoyenneté remboursée			556 35
Amortissement de frais de premier établissement			16,389 98
Réserves	Réserve légale		3,432 43
	Réserve de Prévoyance		6,883 90
Solde du compte Profits et Pertes			11,087 35
Total égal			997,333 70

Vous remarquerez, Messieurs, que nous continuons à vous proposer la répartition d'un dividende de 4 % pour notre dixième année d'exercice bien que le taux de l'argent ait considérablement baissé depuis notre fondation. Cela tient à la bonne gestion des finances de la Société, et nous sommes heureux de le faire encore cette année, non seulement pour remercier nos actionnaires dévoués de la confiance qu'ils ont eue en l'œuvre elle-même, mais encore pour leur prouver que si nous nous décidons un jour à baisser le dividende au-dessous de 4 %, ce sera bien plus par sagesse, pour augmenter le capital de réserve, qu'impossibilité de répartir des arrérages plus élevés.

RAPPORT DE MM. LES COMMISSAIRES DE SURVEILLANCE

MM. Émile Couturier et Émile Robert.

Messieurs,

En vertu de la mission que nous a fait l'honneur de nous confier la précédente Assemblée générale et conformément à l'article 32 de nos Statuts, nous nous sommes rendus le 23 mars dernier au Siège social de notre Société des Habitations à bon marché pour vérifier la comptabilité de l'année 1903.

Nous nous empressons de constater la parfaite régularité des écritures fort bien tenues, du reste, par notre chef de comptabilité, M. Fernand Déjean, l'exactitude des fonds en caisse, des dépôts en banque et à la Caisse d'épargne, etc.

Nous avons le plaisir de constater que la situation financière du groupe Picot s'est sensiblement améliorée, car la différence qui existait entre les prévisions budgétaires et les recettes effectuées, qui était en 1902 de 1,405 francs, n'est plus que de 288 francs en 1903.

Par contre, nous constatons que nous avons dû rembourser la somme de 5,202 fr. 50 à deux acquéreurs du groupe Jules Siegfried, l'un étant mort et l'autre ayant demandé à résilier son contrat.

Depuis, ces immeubles sont vides et ne trouvent plus facilement preneurs au prix définitivement fixé, les futurs locataires acquéreurs prétextant qu'ayant été occupés déjà pendant une période de neuf années, ils ne sont pas neufs, et cependant ils ont été parfaitement remis en état.

Il y aurait donc lieu de se préoccuper d'une façon générale si, en pareil cas, on ne doit pas diminuer le prix de vente de ces maisons dans une légère proportion et faire subir la totalité ou une partie de cette diminution aux locataires qui demandent la résiliation.

Nous soumettons cette pensée à l'Assemblée générale et à nos Administrateurs, qui la mettront à l'étude et décideront ce qu'il est utile de faire pour qu'à l'avenir, en pareille circonstance, l'équilibre de nos finances ne soit pas troublé pendant trop longtemps.

Nous sommes heureux de terminer en constatant le parfait état de nos finances et la prospérité toujours croissante de notre Société, grâce à l'honorabilité et au zèle de notre Trésorier et de nos Administrateurs.

RÉSOLUTIONS
DE
L'ASSEMBLÉE GÉNÉRALE DES ACTIONNAIRES

25 avril 1904.

Première résolution. — L'Assemblée générale, après avoir entendu les rapports du Conseil d'administration et des Commissaires, approuve le bilan et les comptes de l'exercice 1903 et le budget de 1904.

Deuxième résolution. — L'Assemblée approuve la répartition des bénéfices proposée par le Conseil d'administration; elle fixe le dividende de 1903 à 4 0/0, soit 20 francs par action.

Troisième résolution. — L'Assemblée, après avoir constaté que les Administrateurs sortants cette année sont : MM. le Dr Lande, Cahen, Bouchard, Benj. Cazalet et Hounau, se prononce pour leur réélection.

Quatrième résolution. — L'Assemblée, se conformant à l'article 23 des Statuts, confie à MM. Couturier et Robert les fonctions de Commissaires pour l'exercice 1904.

Ci-après nous donnons la situation financière au 31 décembre 1903 et le budget pour 1904.

EXPLOITA

RECETTES		SOMMES		DIFFÉRENCES	
		REÇUES	PRÉVUES	EN MOINS	EN PLUS
Loyers simples, Groupe J. Dollfus	3,400 80				
— — J. Simon.	7,347 »				
— — Siegfried.	3,915 95				
— — Picot . .	6,216 »				
— — Cheysson.	2,896 25				
— — Chambrun	4,838 91				
— — Passy . .	2,583 22				
— — Rue du Hauteir	439 92				
— — Loubet. .	219 96	31,858 01	31,978 20	120 19	
Intérêts : Caisse d'épargne, Bains-douches, coupons de titres de rentes, banquiers, etc.		5,998 45	5,765 60		232 85
Totaux généraux. . . . F.		37,856 46	37,743 80	120 19	232 85
Les recettes présentent donc sur les prévisions une augmentation de.		112 66		112 66	
Totaux égaux		37,743 80	37,743 80	232 85	

PROJET DE RÉPARTITION

Recettes. . . . . . .

Dépenses. . . . . . .

A la première réserve 1/20 de l'excédent des recettes (art. 47 des statuts)

Aux Actionnaires des 1re, 2e, 3e et 4e émissions, 4 o/o sur 500 actions .

Resterait à la deuxième réserve . . . .

TION DE 1903

DÉPENSES		SOMMES DÉPENSÉES	SOMMES PRÉVUES	DIFFÉRENCES EN MOINS	DIFFÉRENCES EN PLUS
Par Caisse:					
Eau des mais. louées et supplém.	622 75				
Entretien des maisons louées . .	1,248 75	1,871 50	2,000 »	28 50	
Frais d'administration		1,711 76	1,200 »		511 76
Assurances et impositions		1,400 11	1,500 »	99 89	
Abonnement au timbre et impôt s. prêts .		880 45	800 »		80 45
Intérêts : à la S. de C. des H. B. M. de Paris. 3 %.					
— à la Cie d'Orléans. 3 %.					
— à la Cie du Midi . 3 %.		17,825 13	18,031 70	206 57	
— à la Caisse d'Épargne.					
— aux locat. et acq. . 4 %.					
— aux prêteurs . . . 3 1/2 %. . . .					
— au compte cour avances Banque					
		23,088 95			
Par Profits et Pertes :					
Moins-value sur Maisons restant à vendre :					
Groupe Dollfus, caves, etc. . .	26,639 82				
— Simon.	125,934 48				
— Picot.	95,485 38				
1/2 0/0 s. fr.	248,059 68	1,240 25	1,240 25		
Amort et frais de 1er établiss : (Amort. du 1er janv. 1902 au 21 fév. 1921, expiration de la Société.)					
1894 Dollfus	4,017 50				
1895 Simon et r. du Hauteir	5,785 26				
1896 Siegfried . . .	3,062 85				
1897 Picot	5,715 90				
1898 Cheysson . . .	4,448 25				
1899 Chambrun. . .	5,997 85				
1900 Exp. de 1900 et propagande .	14,084 35				
1901 Groupe Passy. .	6,890 »				
1902 — Loubet.	1,346 50				
	51,348 46				
Sur lesquels il a été amorti.	14,550 07				
1/20 sur. . . F.	36,798 39	1,839 91	1,797 55		42 36
TOTAUX GÉNÉRAUX . . . . F.		26,769 11	26,569 50	434 96	634 57
Les dépenses présentent donc sur les prévisions une augmentation de.		199 61			199 61
TOTAUX ÉGAUX		26,569 50	26,569 50	434 96	434 96

DU BÉNÉFICE DE 1903

. . . . . . F. 37,856 46

. . . . . . 26,769 11

sur. . . . . . . 11,087 35 . . . . F. 554 36

. . . . 10,000 »

. . . . 532 99

TOTAL ÉGAL. . . . . . F. 11,087 35

Résumé des opérations

RECETTES

Amortissements :		
Versements des amortissements des acquéreurs :		
— Jean DOLLFUS . . . . F.		1,555 90
— Jules SIMON		4,501 05
— Jules SIEGFRIED		2,274 55
— Première maison isolée		206 58
— Georges PICOT		573 70
— CHEYSSON		621 35
— CHAMBRUN		4,592 24
— PASSY		6,878 28
— Deuxième maison isolée		1,000 »
— Acquéreurs LOUBET		13,604 89
		35,808 63
Versements et intérêts des cautionnements des locataires J. SIMON.		240 20
— — — PICOT.		100 »
Actions :		
De Caisse d'Épargne pour 12 actions (transfert des actions de Mlle M. Cazalet),		6,000 »
De Mme Audouin p. 4 actions achetées (— M. Rodberg.		1,980 »
Divers :		
Excédent Exploitation Fondation Cruse		120 45
Des Prêteurs		301 70
Des Bains-Douches, Paris. . { Remboursement	7,750 »	
{ Intérêt à 4 %.	1,794 55	9,544 55
Avances Banque de France (différence du mouvement)		11,831 49
De MM. Cruse (pour la fondation Cruse)		20,000 »
Exploitation :		
Recettes de Caisse (voir tableau d'exploitation).		37,856 46
Disponible au 1er janvier 1903 :		
En caisse	2,812 64	
A la maison Cazalet et Fils	10,000 »	
A la Société Bordelaise	10,680 35	
A la Caisse d'Épargne	14,865 65	
A la Banque de France	2,628 40	40,987 04
TOTAL ÉGAL		104,779 52

Certifié conforme aux écritures de la comptabilité :

Le Chef de la comptabilité, FERNAND DÉJEAN.

Le Trésorier, JULES LARRUE.

de l'année 1903

DÉPENSES

Travaux :

Payé sur construction DOLLFUS . . . . F.	807 51
— Deuxième maison isolée	3,013 85
— SIMON	15 »
— CHAMBRUN	858 42
— LOUBET.	37,294 85
— PASSY.	9,405 38
— CRUSE	17,990 73
Frais de premier établissement	846 50
Prêts :	
Deuxième débit de tempérance.	2,000 »
Frais d'achat de divers terrains à répartir.	500 »
Remboursements :	
Remboursé à la Compagnie d'Orléans	3,000 »
— — du Midi	3,000 »
— à la Société de crédit des Habitations à bon marché de Paris.	7,500 »
— à la Caisse d'Épargne	11,000 »
— à M. Rodberg 4 actions, transférées à Mme Audouin . .	1,980 »
— à Mlle M. Cazalet, actions transfér. à la Caisse d'Épargne.	6,000 »
— aux acquéreurs DOLLFUS.	3,377 60
— aux acquéreurs PICOT	1,824 90
— aux locataires SIMON.	358 10
Exploitation :	
Voir tableau d'Exploitation	23,688 95
Dividende :	
Payé aux Actionnaires de l'exercice 1902 et coupons anciens non réglés.	10,160 »
Disponible au 1er janvier 1904 :	
A la Société Bordelaise. 677 65	
A la Caisse d'Epargne 15,450 88	
En caisse. 3,969 20	20,097 73
TOTAL ÉGAL.	164,779 52

Vérifié par la Commission des Finances :

ÉMILE COUTURIER,
Conseiller général,
Adjoint au Maire de Bordeaux.

ÉMILE ROBERT,
négociant.

Bilan au 31

ACTIF				
Prix de vente des 8 maisons DOLLFUS.F.	45,550			
Valeur des 5 maisons ent. soldées.	27,750	73,300 »		
Groupe J. DOLLFUS (nº 14, caves, etc.)		19,549 36		
Maison en ciment		5,911 07		
Ouverture rue de Queyries		1,853 70		
Moins-value.		398 52	101,012 65	
Prix de vente des 6 maisons J. SIMON.	40,500			
Valeur de la maison soldée	8,500	40,000 »		
Mitoyenneté nos 11 et 65.		1,832 »		
Valeur des 21 maisons louées		121,310 85		
Moins-value.		2,740 70	174,898 55	
Prix de vente des 6 maisons SIEGFRIED	44,100			
Valeur des 8 maisons ent. soldées.	57,600	101,700 »		
Valeur de la maison louée.		7,200 »		
Mitoyenneté des maisons 187 et 215		1,350 »		
Moins-value.		737 80	110,987 80	
Prix de vente des 2 maisons PICOT	16,400			
Valeur d'une maison soldée	8,100	24,500 »		
Valeur des 14 maisons louées		95,007 96		
Mitoyenneté du nº 340		586 »		
Moins-value.		1,915 34	122,009 30	
Prix de vente des 7 maisons CHEYSSON		61,150 »		
Mitoyennetés nos 153 et 165		1,325 »	62,475 »	
Payé sur construction CHAMBRUN		108,297 53		
Mitoyenneté des nos 19, 27, 22, 30		2,163 07	110,460 60	
Payé sur construction PASSY.			63,046 98	
Prix de vente de la maison de la rue du Hautoir		8,800 »		
Mitoyenneté.		353 70		
Moins-value.		114 30	9,268 »	
Payé sur construction 2e maison isolée			3,013 85	
— — Cruse.			17,990 73	
— — Loubet.			37,294 85	
Frais d'achat des divers terrains à répartir			500 »	812,958 31
Frais de premier établissement.		34,958 48		
Il a déjà été amorti à ce jour.		16,389 98		51,348 46
Bains-Douches à bon marché, Paris (prêt à 4 o/o)			39,250 »	
Débits de tempérance (—)			3,500 »	
Bains-douches à bon marché, Bordeaux (—)			30,000 »	72,750 »
Titres déposés à la Banque de France :				
42 obligations Midi / 42 — Paris à Orléans } valeur d'achat.			39,679 20	
1 action Bains-Douches (Bordeaux)			500 »	40,179 20
Disponible :				
En caisse		3,969 20		
A la Caisse d'Épargne.		15,450 88		
A la Société Bordelaise.		677 65		20,097 73
TOTAL ÉGAL . . . . . . F.				997,333 70

Décembre 1903

PASSIF			
140 Actions de la 1re émission. . . . . . F.	70,000 »		
90 — 2e —	45,000 »		
140 — 3e —	70,000 »		
130 — 4e —	65,000 »		250,000 »
500 actions			
Prêt de la Cie d'Orléans (100,000 fr.) réduit à .		66,000 »	
— du Midi (—) — à .		67,900 »	
3 prêts de la Société de crédit des Habitations à bon marché de Paris { 100,000 fr. 50,000 fr. 80,000 fr. } 230,000 fr., réduits à		202,500 »	
Prêt de la Caisse d'Épargne réduit à		89,000 »	
Reste dû à Mlles Gérard.		10,357 85	435,757 85
Amortissements reçus :			
des acquéreurs J. Dollfus	11,031 96		
Versements de 5 maisons soldées.	27,750 »	38,781 96	
des acquéreurs J. Simon.	14,620 31		
Versement d'une maison soldée	8,500 »	23,120 31	
des acquéreurs Siegfried.	16,649 74		
Versements des 8 maisons soldées	57,600 »	74,249 74	
de l'acquéreur de la rue du Hautoir		3,520 77	
des acquéreurs G. Picot	5,106 87		
Versements d'une maison soldée.	8,100 »	13,206 87	
des acquéreurs Cheysson		17,876 72	
des acquéreurs Passy.		16,860 78	
de l'acquéreur de la 2e maison isolée		1,000 »	
des acquéreurs Loubet.		13,604 89	
Cautionnements des locataires J. Simon. . . .		1,569 15	
— — Picot. . . .		100 »	
des acquéreurs Chambrun.		31,107 05	235,007 24
Moins-values diverses.			5,912 66
Versement de MM. Cruse pour fondation Cruse			20,000 »
Mitoyenneté remboursée			556 35
Amortissement du compte frais de 1er établiss.			10,389 98
Avances Banque de France			11,831 49
Excédent de l'exploitation Cruse			129 45
1re RÉSERVE (article 47 des Statuts) au 31 décembre 1902 . . .			3,432 43
2e RÉSERVE, au 31 décembre 1902			6,883 90
À payer aux Actionnaires :			
Coupons non présentés, 1894 (périmés en 1899). .		5 »	
— 1898 (— 1903). .		80 »	
— 1900 (— 1905). .		20 »	
— 1901 (— 1906). .		80 »	
— 1902 (— 1907). .		160 »	345 »
Profits et Pertes :			
Dividende de 1903		10,000 »	
Versement à la 1re réserve, exercice 1903 . .		554 36	
— 2e — — . . .		532 99	11,087 35
Total égal. . . . . F.			997,333 70

RÉSUMÉ DU BILAN

Établi conformément au

DES HABITATIONS

ACTIF

Immeubles et terrains	Maisons	Vendues . . F.	101,950 »	
		en cours d'achat.	442,759 39	544,709 39
	Maisons en location simple.			268,248 92
				812,958 31
	Terrains.			»
Prêts consentis à des locataires				»
Sommes restant dues sur les actions				»
Comptes Débiteurs divers	Terme du 31 décembre 1903	Loyers simples . . .		»
		Amortissement des acquéreurs . . .		»
		Avances à recouvrer		»
	Loyers simples en retard.			»
	Avances à recouvrer			»
	Débiteurs divers	B.-D. Paris. . . .	39,250	
		B.-D. Bordeaux.	30,000	
		Débit de temp. .	3,500	72,750 »
	Frais de premier établissement.			51,348 46
Sommes disponibles . .	En caisse.			3,969 20
	En compte courant.			16,128 53
	En portefeuille.			40,179 20
	Total égal. . . . . F.			997,333 70

AU 31 DÉCEMBRE 1903

modèle du Conseil supérieur

A BON MARCHÉ

PASSIF

Capital social . . . . F.			250,000 »
Emprunts (restant à solder). . . .	Compagnie d'Orléans	66,000 »	
	— du Midi	67,900 »	
	Société de Crédit H. B. M. . .	202,500 »	
	Caisse d'Epargne	89,000 »	
	Mlles Gérard.	10,357 85	435,757 85
Compte d'amortissement (actif des Locataires avec promesse de vente).			235,007 24
Comptes créditeurs . .	Coupons d'actions non payés.		345 »
	Coupons d'obligations non payés		»
	Versement de MM. Cruse pour fondation Cruse		20,000 »
	Loyers payés d'avance		»
	Avances Banque de France		11,831 40
	Créances diverses		»
Moins-values diverses.			5,912 66
Excédent de l'exploitation Cruse			129 45
Mitoyenneté remboursée.			556 35
Amortissement de frais de premier établissement			16,389 98
Réserves	Réserve légale.		3,432 43
	Réserve de Prévoyance		6,883 90
Solde du compte Profits et Pertes			11,087 35
Total égal.			997,333 70

Projet de Bud

RECETTES

Loyers :		
Groupe J. Dollfus (10 maisons)	3,400 90	
Groupe J. Simon (27 maisons)	7,605 »	
Groupe Siegfried (7 maisons)	2,197 50	
Groupe Picot (16 maisons)	6,103 80	
Groupe Cheysson (7 maisons)	2,599 50	
Groupe Chambrun (11 maisons)	4,839 12	
Groupe Passy (7 maisons)	2,949 62	
Groupe Loubet (8 maisons)	2,639 52	
Mais. r. du Hautoir (1 maison)	439 92	
Maison r. de Cestas (1 maison)	439 92	
		33,214 86
95 maisons.		
Soldées . . . 15 —		
Fondation Cruse . 3 —		
Soit . . . . 113 maisons construites.		
Intérêts :		
Coupons des Valeurs déposées à la Banque de France	1,125 60	
Du prêt à l'Œuvre bordelaise des Bains-Douches, sur . . . Fr. 30,000 » à 4 o/o	1,200 »	
Du prêt à l'Œuvre parisienne des Bains-Douches, sur . . . 39,250 » à 4 o/o	1,570 »	
Du prêt à l'Œuvre des Débits de Tempérance, sur . . . 3,500 » à 4 o/o	140 »	
De Caisse d'Épargne, Banquiers, etc., environ	1,000 »	
		5,035 60
Total égal		38,250 46
Amortissements :		
Groupe Jean Dollfus . . . 10 maisons	1,230 60	
— Jules Simon . . . 27 maisons	1,098 »	
— Jules Siegfried . . . 7 maisons	964 50	
— Georges Picot . . . 16 maisons	422 40	
— Cheysson . . . 7 maisons	1,364 64	
— Chambrun . . . 11 maisons	2,539 68	
— Passy . . . 7 maisons	1,343 88	
— Loubet . . . 8 maisons	1,385 28	
Maison isolée rue du Hautoir . . 1 maison	230 88	
Maison isolée rue de Cestas . . 1 maison	230 88	
Remboursements par divers	10,000 »	
Total égal	20,810 74	

get de 1904

DÉPENSES

Par Caisse :			
Frais généraux :			
Eau, suppl. d'eau, entretien des maisons simplem. louées		2,000 »	
Frais d'administration		1,500 »	
Assurances et impositions		1,500 »	
Abonnement au timbre { Actions 150 / Obligations 170 }	320 »		
Impôt 4 o/o du revenu sur prêts et obligations	470 »	790 »	5,790 »
Intérêts :			
Prêts obligat. de la Soc. de crédit des H. B. M. de Paris, réduits à	202,500 »		
Prêt hypothécaire de la Cie d'Orléans —	66,000 »		
— de la Cie du Midi —	67,900 »		
Prêt obligataire de la Caisse d'Épargne de Bordeaux	89,000 »		
3 o/o sur	425,400 »	12,762 »	
Prêt provisoire : de Mlle GÉRARD, 3 1/2 o/o sur	10,357 85	362 50	
Sur amortis. et caution. des locataires acquér. et locat. simples	235,007 24		
A déduire :			
Versements des maisons soldées	101,950 »		
4 o/o sur Fr.	133,057 24	5,322 30	18,446 80
Par Profits et Pertes :			
Moins-value des maisons restant à vendre :			
Groupe DOLLFUS, caves, etc.	27,314 13		
— SIMON	121,319 85		
— PICOT	95,007 96		
1/2 o/o sur	243,641 94		1,218 20
TOTAL DES DÉPENSES			25,455 »
Total des recettes	38,250 46		
— des dépenses	25,455 »		
Première réserve 1/20 de l'excédent des recettes (art. 47 des statuts)	12,795 46		639 75
Amortissement en 20 ans, frais de 1er établissement :			
1894. DOLLFUS	4,017 50		
1895. SIMON et rue du Hautoir	5,785 26		
1896. SIEGFRIED	3,062 85		
1897. PICOT	5,715 90		
1898. CHEYSSON	4,448 25		
1899. DE CHAMBRUN	5,997 85		
1900. Exposition	14,084 35		
1901. Groupe PASSY	6,890 »		
1902. 1903. } Groupe LOUBET	1,346 50		
1904.	»		
	51,348 40		
Sur lesquels il a été amorti	16,389 98		
1/19 sur	34,958 48		1,839 38
Dividende, 4 0/0 sur 500 actions, à 20 fr. par action			10,000 »
Versement à la deuxième réserve			316 33
TOTAL ÉGAL			38,250 46
Amortissements :			
Amortis. à la Société de crédit des Habit. à bon marché de Paris, sur	210,000	8,000 »	
Remboursement à la Cie d'Orléans (9e annuité) sur	69,000	3,000 »	
— à la Cie du Midi (7e annuité) sur	70,900	3,000 »	
— à la Caisse d'Épargne de Bordeaux, sur	89,000	5,000 »	
— à divers		1,810 74	
TOTAL ÉGAL		20,810 74	

FONDATION CRUSE

RECETTES		DÉPENSES
20,000 »	Versé par MM. Cruse (donation).	
	Compté à divers sur construction au 31 décembre 1903.	17,990 73
	Solde pour balance.	2,009 27
20,000 »		20,000 »
2,009 27	Reste au 1er janvier 1904.	

EXPLOITATION FONDATION CRUSE

RECETTES		DÉPENSES
150 »	Loyers divers encaissés en 1903.	
	Dépenses diverses en 1903 . . .	20 55
	Solde pour balance.	129 45
150 »		150 »
129 45	Excédent sur l'exploitation au 1er janvier 1904.	

PROJET DE BUDGET 1904

FONDATION CRUSE

RECETTES		DÉPENSES
900 »	Loyers de divers.	
	Assurances	10 55
	Impositions.	»
	Timbres et reçus des loyers. . .	5 »
	Divers	50 »
	Excédent sur l'exploitation . . .	834 45
900 »	. . . . . . Total égal	900 »

ŒUVRES

AUXQUELLES LA

SOCIÉTÉ BORDELAISE DES HABITATIONS A BON MARCHÉ

A PRÊTÉ DES FONDS A 4 o/o

Œuvre parisienne des Bains-Douches	39,250
Œuvre bordelaise des Bains-Douches	30,000
Œuvre bordelaise des Débits de tempérance . . .	3,500
	72,750

Année 1903.

Œuvre parisienne des Bains-Douches.

Recettes. . . . . F.	38,812 35
Dépenses (Intérêts payés)	32,953 15
Au 31 déc. 1903, excédent de l'exploitation. .	5,859 20

La Société a remboursé 7,750 francs en janvier 1904.

Année 1903.

Œuvre bordelaise des Bains-Douches.

Recettes. . . . . F.	39,172 »
Dépenses (Intérêts payés)	33,253 40
Au 31 déc. 1903, excédent de l'exploitation. .	5,918 60

Année 1903.

Œuvre bordelaise des Débits de tempérance.

Débit-Restaurant de la route de Toulouse.

Recettes. . . . . F.	13,117 30
Dépenses (Intérêts payés).	12,740 62
Au 31 déc. 1903, excédent de l'exploitation. .	376 68

NOMS DES PRÊTEURS

Compagnie d'Orléans.
— du Midi.
Société de Crédit des Habitations à bon marché.
Caisse d'Épargne de Bordeaux.

NOMS DES ACTIONNAIRES

MM. Anouil.
Abadie, Germain.
Astruc, Fernand.
Astruc, Maurice.
Astruc, Lucien.
Mme Astruc.
Mlle Astruc, Valentine.
MM. Avril, Jules.
J.-B. Bachan.
Baqué, Romain.
Bayssellance, Adrien.
Benazet, A.
Béguey.
Bertin, Édouard.
E. Biche-Latour.
Mlles Bise, Marie.
De Boeck, Alice.
De Boeck, Yvonne.
Mlles Boissonnas.
M. Bonhoure.
M. Bordes, Victor.
Mlles Bosc, Louise.
Bosc, Suzanne.
Bosc, Elisabeth.
MM. Boubès, Georges.
Bouchard, Julien.
Bouche.
Briol, Jean-Léon.
Mme Audoin.
M. Briol, Marcel.
Mme Briol, Berthe.
Mlles Briol, Blanche.
Briol, Madeleine.
MM. Brocard.
Buhan, Eugène.
Cahen, Ernest.
Cahen, G., fils.
Mlle Cahen.
Mmes Cahen, Ernest.
Cahen, Gustave.
MM. Calas, Th., pasteur.
Cancalon, F.
Cazalet, Charles.
Cazalet, Benjamin.
Cazalet, François.
Cazalet et fils.
Mme Cazalet, Charles.
Mlles Cazalet, Marguerite.
Cazalet, Lucienne.
Cazalet, Violette.
MM. Chabrely, Édouard.
Chabrely, Maurice.
Chalès, Henri.
Chalès, André.
Champ.
Chapon, Gustave.
Mlle Chassagne, Marie-Thérèse
MM. Chassagne, Geo.

MM. Clesse, Louis.
Mme Couat.
MM. Couturier, Émile.
Coyne, Paul.
Cruse, Frédéric.
Danty, Avit.
Danty, Prosper.
Darnet, Pierre-Jacques.
Darriet, Th.
Dejean, Fernand.
Denis, E.
Desmarets, L.
Dubosc, Firmin.
Dubreuilh, Amédée.
Dormoy, Albert.
Durand, Pierre.
Durand, Georges.
Durand, Marcel.
Durand, Ed.
Eyraud, A.
Fau, J.
Faugère.
Faure, Gabriel.
Faure, Étienne.
Faure, Édouard.
Faure, Em.
Faure, Fernand.
Mme Faure, Fernand.
Mlle Faure, Fernand-Claire.
MM. Forsans, Jules.
Forsans, Paul.
Forsans, Henri.
Fourcaud, Émile.
Mlles Galibert (Clar. et Elm)
M. Gayon, Ulysse.
Mlle Gérard, Lucie.
MM. Giroulle.
Gounouilhou, Henri
Grassin, Achille.
Gresse, Daniel.
Gross Droz, Émile.
des Grottes, Raoul.

MM. Gruet, Charles.
Guibert.
Mme Vve Guicheret.
M. Hausser, A.-E.
Mlle Hausser, A.-E.
M. Hausser, William.
Mme Hausser, William.
MM. Hazera, évêque.
Hounau.
Hounau, Victor.
Mme Hounau.
MM. Jacmart, Gustave.
Jay, Abel.
Mme Labat, Th.
MM. Lafourcade.
Lalande, Armand.
Lamire frères.
Lande (Dr).
Laparra.
Larchey (Général).
Mme Laroque, Ed.
MM. Laroque, Henri-Auguste.
Laroque, E.-J.-F.
Mlle Laroque, Berthe-Blanche.
M. Larrue, Jules.
Mme Larrue, Jules.
M. Laurent, Charles.
Mme Laurent, Charles.
MM. Lavertujon, Ernest.
Layet (Dr).
Legendre, Jean-Philippe.
Mme Legendre, Jean-Philippe.
Legendre, Joseph.
MM. Lesca.
Lévy, Ernest.
Mme Lévy, Ernest.
Mlle Lévy.
M. Lourde-Rocheblave.
Mme Lourde-Rocheblave.
MM. Lourse, Numa.
Lung, Paul.
de Luze, Charles.

Mme Ad. Malleval.
MM. Manès.
Manès.
MM. Marcoux.
Marot, F.
Maurain.
Maurice fils.
Merry-Delubost (Dr).
Michard.
Millet, Alphonse-Émile.
Mimoso.
Moreau, Ar.
Mme Vve Morin.
MM. Mulon, Edmond.
Oliveau.
Pauly, Charles.
Pelain, François.
Pelleport-Burète (Vte pre de)
Peyrelongue, Maurice.
Phélippot, Octave.
Raulin (Dr), Louis.
Mme Raulin, Louis.
Mlle Renon.
Mme Rey, Marce
MM. Robert, Émile.
Rodberg, Charles.
Sarrat, Georges.
Séguinaud, Galibert.
Seignouret, Ernest.
Simon, J.
Mlle Souchet, Jane.
MM. Soustre, R.
Sursol, Edmond.
Mlle Tardiff, Lœtitia.
MM. Tétard, Martial.
Touzin, Albert.
Mme Touzin, Albert.
M. Touzin, Robert.
Mlle Touzin, Marguerite.
MM. Trarieux.
Trial, Alphonse.
Verneuil.
Véron.
Verrout, E.
Verrout.
Viguié, Alphonse.
Vincons, Al.

" PROPRETÉ DONNE SANTÉ "

ŒUVRE BORDELAISE

DES

BAINS-DOUCHES A BON MARCHÉ

FONDÉE LE 13 AVRIL 1892, OUVERTURE LE 5 JANVIER 1893

Reconnue comme Etablissement d'utilité publique pa décret en date du 13 mai 1902.

Bains-Douches chauds à 20 centimes

Savon compris.

MILITAIRES ET SCOLAIRES A 10 CENTIMES

Savon et coiffe compris.

PREMIER LOCAL : Dr MERRY-DELABOST, 21, quai de la Monnaie.

DEUXIÈME LOCAL : Dr Paul DELMAS, 6, quai de Bacalan.

TROISIÈME LOCAL : Auguste COUAT, 3, rue Dauphine.

QUATRIÈME LOCAL : Jules PERRENS, 45, rue de Nuits.

CINQUIÈME LOCAL : Dr BROUARDEL, 22, pl. d'Aquitaine

Adresser la Correspondance à M. Charles CAZALET, secrétaire général, 1, rue de Condé

L'accroissement dans l'habitude des bains peut être considéré comme un progrès dans la civilisation.

Dr LASSAR.

RAPPORT ANNUEL

1903

(Onzième année)

RÉSULTATS

BORDEAUX

	Nombre de bains-douches.	
1893.	26.051	
1894.	33.666	
1895.	39.346	
1895 (Exposition). . .	7.525	
1896.	35.617	
1897 2 locaux . . .	45.399	
1898 2 — . . .	61.974	
1899 2 — . . .	72.681	
1900 3 — . . .	112.816	
1901 4 — . . .	141.882	
1902 4 — . . .	154.461	
1903 5 — . . .	166.905	
		898.323

PARIS

1899.	34.970	
1900.	78.163	
1901.	142.416	
1902.	145.782	
1903.	137.455	
		538.786
Total.		1.437.109

PROMOTEURS :

MM. Adrien Bayssellance, Dr Delmas, Dr Chabrely, Dr Lande, Dr Piéchaud, Dr Monod, Dr Layet et Charles Cazalet.

Séance de fondation le 13 avril 1892.

Sous la présidence de M. Frédéric PASSY, Membre de l'Institut.

Inauguration le 5 janvier 1893.

En présence de M. Maurice BERNIQUET, Préfet de la Gironde, et de M. Alfred DANEY, Maire de Bordeaux.

Première Assemblée générale, le 7 mars 1894.

Sous la Présidence de M. le docteur LANDE, Adjoint au Maire de Bordeaux, délégué à l'hygiène et à l'Assistance publiques.

Deuxième Assemblée générale, le 15 février 1895.

Sous la présidence de M. Gabriel FAURE, Vice-Président de la Chambre de Commerce.

Troisième Assemblée générale, le 3 mars 1896.

Sous la présidence de M. DEZEIMERIS, Président du Conseil Général de la Gironde.

Quatrième Assemblée générale, le 4 mars 1897.

Sous la présidence de M. BAILLET, Président de la Société d'hygiène de Bordeaux.

Cinquième Assemblée générale, le 30 mars 1898.

Sous la Présidence de M. COUAT, Recteur de l'Université de Bordeaux.

Sixième Assemblée générale le 15 septembre 1899.

Sous la Présidence de M. BAYSSELLANCE, ancien Maire de Bordeaux, Président de l'Œuvre Bordelaise des Bains-Douches à bon marché.

Septième Assemblée générale, le 15 avril 1900.

Sous la présidence de M. le docteur DE NABIAS, Doyen de la Faculté de Médecine de Bordeaux.

Huitième Assemblée générale, le 1er juillet 1900.

Sous la présidence de M. le docteur DUPEUX, Adjoint au Maire de Bordeaux, délégué à l'hygiène et à l'assistance publiques.

Neuvième Assemblée générale, le 11 avril 1902.

Sous la présidence de M. Frédéric PASSY, Membre de l'Institut.

Dixième Assemblée générale, 4 juillet 1903.

Sous la présidence de M. le professeur BROUARDEL, Membre de l'Institut, Président du Comité consultatif d'hygiène publique de France.

Onzième Assemblée générale, 25 avril 1904.

Sous la présidence de M. MABILLEAU, Directeur du Musée social, Président de la Fédération nationale de la Mutualité.

MEMBRES D'HONNEUR

MM.

BERNIQUET (C. ✻, 🟆 I.), ancien Préfet de la Gironde, conseiller d'État.

DANEY (C. ✻, 🟆 I.), Maire de Bordeaux.

DEZEIMERIS (O. ✻, 🟆 I.), ancien Président du Conseil général.

BRUNET * (O. ✻), Président honoraire de la Chambre de commerce.

COUAT* (O. ✻, 🟆 I.), Recteur de l'Université de Bordeaux.

Frédéric PASSY (C. ✻, 🟆 I.), Membre de l'Institut.

Jules SIMON * (✻), Membre de l'Académie Française, Sénateur.

Dr du MESNIL (O. ✻), Secrétaire du Comité consultatif d'hygiène publique de France.

Le Comte de CHAMBRUN * (O. ✻), Fondateur du Musée social.

Jules SIEGFRIED (O. ✻), ancien Ministre du Commerce, ancien maire du Maire, Président du Comité supérieur des Habitations à bon marché.

Georges PICOT (✻), Membre de l'Institut, Président de la Société Française des Habitations à bon marché.

Émile CHEYSSON (O. ✻, 🟆 I.), Membre de l'Institut, Inspecteur général des Ponts-et-Chaussées, Vice-Président de la Société Française des Habitations à Bon Marché, Président de la Société des Habitations ouvrières de Passy-Auteuil.

THOUNENS (✻), Président du Conseil général, Sénateur.

BIZOS * (O. ✻, 🟆 I.), Recteur de l'Université de Bordeaux.

BESSE, ✻, Président de la Chambre de commerce de Bordeaux.

Gabriel FAURE (O. ✻), ancien Président de la Chambre de commerce Vice-Président de la Commission des Hospices.

LUTAUD (O. ✻), Préfet de la Gironde.

Dr BROUARDEL (O. ✻), Membre de l'Institut, Président du Comité consultatif d'hygiène publique de France.

MABILLEAU (O. ✻), Directeur du Musée social, Président de la Fédération nationale de la Mutualité, professeur au Collège de France.

---

* Décédé.

COMITÉ

MEMBRES HONORAIRES

MM.

Dr LANDE (O. ✻, ✪ I.), ancien maire de Bordeaux, vice-président du Conseil d'hygiène, 34, place Gambetta.

Dr LAYET (O. ✻, ✪ I.), professeur d'hygiène à la Faculté de médecine, 42, rue du Palais-de-Justice.

Dr PIÉCHAUD (✪ I.), professeur à la Faculté de médecine, 18, rue Porte-Dijeaux.

Dr MONOD (✪ I.), chirurgien à l'Hôpital Saint-André, 19, rue Vauban.

MEMBRES ÉLUS

MM.

Président, ADRIEN BAYSSELLANCE (O. ✻), ancien Maire de Bordeaux.

Vice-Présidents { E. CAHEN (✪ I.), ancien adjoint au maire de Bordeaux. JOUANDOT, ingénieur des Eaux de la Ville.

Secrétaire général, CHARLES CAZALET (O. ✻, ✪ I.), ancien adjoint au Maire de Bordeaux.

Secrétaire, PAUL FORSANS (✪ A.), négociant.

Trésorier, A. TRIAL (✪ I.), agent général de la Compagnie des Eaux de Vichy.

Trésorier-adjoint, JULES LARRUE (✪ I.), négociant.

Administrateur délégué, ALBERT TOUZIN (✪ I.), architecte de la Société Bordelaise des Habitations à bon marché.

Inspecteur technique, CLESSE (✻), ingénieur, directeur de la Manufacture des tabacs.

Archiviste, CHARLES DE LUZE (✪ A.), négociant.

MM.

Administrateurs :

AVRIL (✳), vice-président de la Société Philomathique.
BENJAMIN CAZALET (🙰 A.), négociant.
GABRIEL FAURE (O. ✳), ancien président de la Chambre de Commerce, vice-président de la Commission des hospices.
JULES FORSANS, juge au Tribunal de Commerce.
ALBERT DORMOY (🙰 A.), négociant, député.
LOUIS HOUNAU (✳, 🙰 A.), négociant.
LAPARRA (🙰 A.) avocat à la Cour d'appel de Bordeaux.
MAURAIN (🙰 A.), président des Colonies Scolaires de Vacances.
WILLIAM MESTREZAT, négociant.
Vicomte PIERRE DE PELLEPORT-BURÈTE (✳)
RODBERG (✠), Ingénieur-Directeur de la Compagnie du Gaz.
HIPPOLYTE TOURNON, négociant.
CLAVEL, 40, rue de la Trésorerie. } de la caisse d'épargne
MAFFRE, 57, avenue Thiers. } de la caisse d'épargne
SAMSON, 16, rue du Temps-Passé. } de la caisse d'épargne

INGÉNIEUR	ARCHITECTE
M. JOUANDOT.	M. TOUZIN.

CONSEIL JURIDIQUE

MM. GEORGES FORSANS, avocat; CHAMBARIÈRE, notaire.
MIMOSO, avoué.
AUGER, huissier.

MEMBRES DE LA COMMISSION DES FINANCES

pour l'Exercice 1904.

MM.

FORTIN, RAOUL DES GROTTES.

NOMS DES GÉRANTS

1er LOCAL : *21, quai de la Monnaie,*

M. et Mme BELLANGER.

2me LOCAL : *6, quai de Bacalan,*

M. et Mme J. DAUVERT.

3me LOCAL : *30, rue Dauphine,*

M. et Mme J. DAUVERT.

4me LOCAL : *45, rue de Nuits (La Bastide),*

M. et Mme DUCOURNEAU.

5me LOCAL : *22, place d'Aquitaine,*

M. et Mme JACH.

SUBVENTIONS ANNUELLES

LA CHAMBRE DE COMMERCE DE BORDEAUX..........F.	500
LE CONSEIL GÉNÉRAL DE LA GIRONDE................	300
L'ÉTAT (MINISTÈRE DE L'INTÉRIEUR).....................	300
LA VILLE DE BORDEAUX (Loyer du Local Jules PERRENS)..	»

SOCIÉTAIRES FONDATEURS

Dons

CHAMBRE DE COMMERCE..........................F.	500
COMPAGNIE DU GAZ..	500
MM. Charles CAZALET..	500
Docteur DELMAS..	500
Benjamin CAZALET..	500
Léon LESCA..	500
WORMS et C°..	500
M. et Mme PEYRELONGUE..........................	500
Gustave JACMART..	500
Octave LAUREILHE...	500
Le Comte de CHAMBRUN..................................	1.000
Ernest CAHEN..	500
Famille FORSANS...	500
CRUSE Frères..	500
WORMS et C° (2ᵉ versement).............................	500
De LUZE et Fils...	500
Joseph BRANDENBURG.....................................	500
ESCHENAUER et C°..	500
N. JOHNSTON et Fils..	500
SCHRODER, SCHYLLER et C°.............................	500
S. LARCHER Père et Fils jeune...........................	500
COMPAGNIE DU GAZ (2ᵉ versement)..................	500
Ed. KRESSMANN et C°......................................	500
MAUREL et PROM et MAUREL Frères................	500
L. ROSENHEIM et Fils......................................	500
BARTON et GUESTIER.......................................	500
STATION CENTRALE D'ÉLECTRICITÉ DES CHARTRONS-BACALAN..................................	500
Albert TOUZIN..	500
TOTAL....................................	14.500

EXTRAIT DES STATUTS

ART. 5

Les membres fondateurs sont les personnes qui versent en une seule fois une somme de **500 francs.** Ils n'ont pas à payer la cotisation annuelle, et leur nom est inscrit sur une plaque dans les locaux de la Société.

BAINS-DOUCHES A BON MARCHÉ

Bons 4 %

Numéros.		Bons.	Fr.
1	MM. BAYSSELLANCE	1	500
2	CAZALET (Charles)	2	500
3	TRIAL (Alphonse)	1	500
4	FORSANS (Paul)....... (remboursé).	1	500
5	FORSANS (Jean)..... (remboursé)	1	500
6	Mlle GÉRARD	1	500
7	M. FAURE (Gabriel)	1	500
8	Mme LAROQUE	1	500
9	M. HAUSSER (A.-E.)	1	500
10	Mlle CAZALET (Marguerite)	1	500
11	MM. CAZALET et Fils	1	500
12	CAZALET (Benjamin)	1	500
13	Mme CAZALET (Charles)	1	500
14	Mlle CAZALET (Lucienne).. (remboursé).	1	500
15	M. CAZALET (François)... (remboursé).	1	500
16	Mlle CAZALET (Violette)	1	500
17	MM. GIROULLE	1	500
18	CAHEN (Ernest) ...... (remboursé).	1	500
19	TOUZIN (Albert)	1	500
20	DE LUZE (Charles)	1	500
21	JACMART	1	500
22	CRUSE (Henri)........ (remboursé).	1	500
23	TOURNON (Hippolyte)	1	500
24	SICARD (Alfred)	1	500
25	JOUANDOT	1	500
26	AVRIL................ (remboursé).	1	500
27	LESCA (Léon)	1	500
28	SURSOL (Edmond)	1	500
29	DURAND (Georges)	1	500
30	PIÉCHAUD............ (remboursé).	1	500
31	LAURENT (le docteur Ch.)	1	500
	A reporter	31	15.500

Numéros		Bons	Fr.
	Reports	31	15,500
32	Mme Laurent	1	500
33	MM. Astruc (Fernand)	1	500
34	Larrue (Jules)	1	500
35	Calas (le pasteur Th.)	1	500
36	Mme Calas (Th.)	1	500
37	M. Cazalet (Ch.)	1	500
38	Mlle Cazalet (Marguerite)	1	500
39	Mmes Cazalet (Charles) ... (remboursé)	1	500
40	Cazalet (Benjamin)	1	500
41	MM. Faugère	1	500
42	Jouandot	1	500
43	Millet (remboursé)	1	500
44	Forsans (G.)	1	500
45	Forsans	1	500
46	Mlles Bosc (Suzanne)	1	500
47	Bosc (Louise)	1	500
48	MM. Quéreillac	1	500
49	Lung (Paul)	1	500
50	Dr Raulin (remboursé)	1	500
51	Faure (Gabriel)	1	500
52	Sursol (Ed.) (remboursé)	1	500
53	Astruc (F.) (Mme)	1	500
54	Astruc (M.)	1	500
55	Bellanger (Aug.)	1	500
56/57/61	Sicard (Alf.) ..... (57 remboursé)	3	1.500
58/63	Maresté	6	3 000
65	Lourse (Numa)	1	500
66	Chapon (G.)	1	500
67	Bellanger	1	500
68	Laparra (Ém.)	1	509
69	Taupier-Letage	1	500
70	Robert (Émile)	1	500
71	Boubès (G.)	1	500
72	Cahen (E.)	1	500
73	Forsans (P.)	1	500
74	Forsans (J.) (remboursé)	1	500
75	Dormoy	1	500
76	Dr du Magny	2	500
77	Anouil	1	500
78/9	Clesse (L.)	2	1.000
	A reporter	79	39.500

Numéros			Bons	Fr.
		Reports..................	79	39.500
80	MM.	Jay (Abel)..........................	1	500
81		Hounau..........................	1	500
82		Viton.............. (remboursé).	1	500
83		Bayssellance..........................	1	500
84		Desmarets..........................	1	500
85		Taupier père..........................	1	500
86		Berthomieu..........................	1	500
87		Fourcaud (E.)..........................	1	500
88		D. Franc de Ferrière..............	1	500
89		Durand (G.)..........................	1	500
90		Champ.............. (remboursé).	1	500
91		Maurice..........................	1	500
92		Évêque Hazera..........................	1	500
93		Legendre (Ph.)..........................	1	500
94/95	Mme	Legendre..........................	2	1.000
96	MM.	Mareste..........................	1	500
97		Jacmart..........................	1	500
98		Bénazet..........................	1	500
99		Tournon (Hyp.)..........................	1	500
100		Durand (Ed.)........ (remboursé).	1	500
101/4		Lesca..........................	4	2.000
105		Lévy..........................	1	500
106		Durand (Ed.)..........................	1	500
107/8		Laparra..........................	2	1.000
109		Bourcier..........................	1	500
111		Jach (R.)..........................	1	500
112		Michard..........................	1	500
113		Durand (G.)..........................	1	500
114		Faure (Gabriel)..........................	1	500
115		Jays..........................	1	500
116		Gayon.............. (remboursé).	1	500
117/9		Lourde-Rocheblave..........................	3	1.500
117 *bis*		Jacmart..........................	1	500
118 *bis*		Maurain (A.)..........................	1	500
119 *bis*		Maurain (A.)..........................	1	500
120/1		Clesse (L.)..........................	2	1.000
122		Laparra (Émile)..........................	1	500
123		Habitations a bon marché..........	1	500
124/5		Véron (Philippe). (124 remboursé).	2	1.000
126/9		Lafourcade..........................	4	2.000
		A reporter..........	131	65.500

Numéros			Bons	Fr.
		Reports	131	65.500
130/1	MM.	LAPARRA (William)	2	1.000
132		CHAMP	1	500
133		JACMART ... (remboursé)	1	500
134		DURAND (Marcel)	1	500
135/8		SURSOL (Ed.)	4	2.000
139/40		CLESSE (L.)	2	1.000
141		GROSS-DROZ	1	500
142		LAPARRA (Émile)	1	500
143		BAYSELLANCE	1	500
144/7		CALAS (Th.)	4	2.000
148		MARESTÉ	1	500
149	Mlle	FORSANS (Fanny)	1	500
150/2	M.	LEGENDRE	3	1.500
153/5	Mme	LEGENDRE	3	1.500
156	MM.	Dr MERRY-DELABOST	1	500
157		MAURAIN	1	500
158/9		CAHEN (E.)	2	1.000
160		FORSANS (Paul)	1	500
161		FORSANS (Georges)	1	500
162		GAYON	1	500
163		FORSANS (Jules)	1	500
164		JACMART (G.)	1	500
165	Mme	COSTES	1	500
166		DURAND (Ed.)	1	500
167		CRÈCHE DE LA BASTIDE	1	500
168		GAYON	1	500
169		VÉRON (Ph.)	1	500
170		MAURICE	1	500
171/2		GROSS-DROZ. . . (171 remboursé)	2	1.000
173/6		CLESSE (L.)	4	2.000
177/8		HOUNAU	2	1.000
179/182		VERROUT (Élie). (181/2 remboursés)	4	2.000
183/4		Évêque HAZERA	2	1.000
185/6		MAURAIN	2	1.000
187/8		LUNG (Paul)	2	1.000
189		MOREAU (Armand)	1	500
190		JAY (Abel)	1	500
191/2		LAPARRA (W.)	2	1.000
193/8		JACMART (G.)	6	3.000
199	Mlle	BOSC (Suzanne)	1	500
		A reporter	201	100.500

Numéros		Bons	Fr.
	Reports............	201	100.500
200/1	M. Cahen (Ernest)... (201 remboursé).	2	1.000
202/225	Caisse d'Épargne................	24	12.000
226	M. Ducourneau....................	1	500
	Totaux..............	228	114.000

sur lesquels 24 bons ont déjà été remboursés :

	Bons	Fr.
Nos 4, 5, 14, 18, 22, 26, 30, 39, 43, 50, 52, 57, 73, 82, 90, 100, 116, 124, 133, 171, 181, 182, 201.............	24	12.000
	204	102.000

AMORTISSEMENT DES 8 BONS

SUR L'EXERCICE 1903

93............... MM. Ch. Cazalet.
48.................... Millet.
50.................... Dr Raulin.
52.................... Ed. Sursol.
171.................... Gross-Droz.
181.................... Élie Verrout.
182.................... Élie Verrout.
201.................... E. Cahen.

Rapport de la Commission des Finances

MESDAMES,

MESSIEURS,

Celui qui chaque année est chargé de faire un rapport sur la gestion financière du même comptable, ressemble fort, quand ce comptable est depuis longtemps passé maître, à un musicien obligé d'exécuter périodiquement, dans des circonstances identiques et devant un auditoire à peu près immuable, le même thème et les mêmes variations.

Quelle que soit sa virtuosité, il lui est impossible de donner l'attrait de la nouveauté à un sujet qui n'a plus de secrets pour personne.

Tel est mon cas, Messieurs ; car si j'accepte de ma tâche la partie toujours si agréable qui comprend les éloges à l'adresse de votre zélé et ingénieux Trésorier, dont les chiffres sont si mathématiquement exacts et les tableaux synoptiques si clairs et si vraiment tengibles, je ne puis que vous répéter, sans la moindre variante, mais avec la plus vive satisfaction :

L'administration financière des bains-douches est de plus en plus parfaite. Vite ! un hourra et un ban pour M. Trial !

Donc, forcément je m'en tiendrais là si je n'envisageais que la régularité des comptes ; mais à côté de cette question d'ordre technique, il est un terrain qui m'offre une marge beaucoup plus spacieuse, et sur lequel vous aimerez certainement comme moi à vous placer : c'est la situation morale de votre heureuse création.

Il est en effet très intéressant et très important aussi, non seulement de voir quel est, à ce point de vue, le bilan actuel, mais de suivre, depuis sa fondation jusqu'à l'heure présente, la marche progressive de l'œuvre sociale et rénovatrice due à l'inlassable activité de M. Charles Cazalet.

De 1893 à 1903, le nombre 26.051 bains, chiffre de départ, a été porté, par une constante ascension annuelle, à 166.905. C'est là un résultat matériel, brut en quelque sorte, qui montre qu'en dépit du proverbe : « nul n'est prophète en son pays, » l'innovation du quai de la Monnaie a su prospérer dans sa ville natale.

Comment ne l'eût-elle pas fait avec les nombreux bains gratuits que généreusement elle offre chaque année, avec ces bains scolaires et militaires donnés au-dessous du prix de revient, avec la propagande considérable qu'elle lance aux quatre vents du ciel ?

Certes, si quelques subventions lui sont accordées, elle les justifie, et au-delà, par tous les moyens qu'elle emploie pour se faire connaître.

Mais ce qui lui assure l'avenir plus encore que ces éléments matériels d'action, c'est le précieux appui moral que lui ont donné et que lui donneront certainement encore les autorités de la ville : Maire, Préfet, Recteur, Inspecteur d'Académie ont maintefois usé de leur influence pour faire pénétrer le vivifiant bain-douche dans la population ouvrière et dans nos écoles.

Tous ont visité nos différents locaux, assisté aux séances de bains, écrit, parlé, payé de leur personne dans ce genre de combat (un des meilleurs assurément !) contre la terrible tuberculose.

Aussi, leur voix a été entendue ; et l'on a pu voir,

en février 1903, les instituteurs et institutrices de la Gironde, accourir à l'appel de leur Inspecteur d'Académie, M. Durand, et se presser avec le plus vif intérêt autour d'un appareil de chauffage à alcool, que l'on faisait fonctionner devant eux, pour leur montrer comment peut être facile et peu dispendieuse une installation de bains-douches à la campagne.

Des Maires, des Inspecteurs d'écoles primaires étaient présents à cette véritable leçon de choses, et prenaient, qui pour sa commune, qui pour sa circonscription d'inspection, des renseignements détaillés, des notes précises, avec le désir évident de les mettre bientôt à profit.

Ce qu'a fait Bordeaux, d'autres villes ont voulu le faire : Paris, Marseille, Rouen, Brest, La Rochelle, Rochefort, Bayonne, Angoulême, Nice, Roubaix, Mont-de-Marsan, rêvent de bains-douches ou en ont déjà établi.

L'initiative bordelaise a produit de vigoureux rejetons, dont un même se vante de dépasser sa mère : La Rochelle, la cité de l'énergique Guiton, affirme « qu'elle est de toute la France la ville où la propreté est le plus en honneur et où les femmes vont en plus grand nombre aux bains. »

Marseille ne voudra certainement pas rester en arrière, et tiendra à montrer qu'elle aussi sait faire usage de son savon.

Paris et tous les grands centres que nous venons de nommer sont en plein dans le mouvement.

L'impulsion commencée il y a dix ans va croissant de jour en jour ; elle s'étend sur toute la France, entraîne les limites, réveille les indifférents, transforme les sceptiques en adeptes convaincus et, un peu partout, crée une noble émulation dans la pratique régulière et constante du bain-douche.

L'œuvre va si bien son chemin qu'elle force en

quelque sorte l'État à la reconnaître d'utilité publique?

Dès lors sa personnalité s'accuse, se fait forte de son rang social; et telle est la confiance qu'elle inspire, qu'elle tente même la spéculation.

Vous le savez, Messieurs; un de vos gérants, séduit par la prospérité du local de la rue Dauphine, n'hésita pas à créer à Paris, à ses risques et périls, un établissement similaire.

Tant mieux, évidemment! Ces imitations prouvent l'excellence de la vitalité de votre entreprise; elle elles sont toutes à votre éloge, mais vous disent d'une façon très nette, quoique implicite :

« Bordeaux, qui a pris l'initiative des bains-douches, qui en a donné l'exemple, est tenu à de nouveaux, à d'incessants progrès; car *si noblesse oblige, succès oblige aussi.*

Sus! donc Messieurs! redoublons d'efforts pour rester à la tête du beau mouvement que nous avons produit; et en exprimant notre vive gratitude aux autorités municipale, préfectorale et académique, pour le puissant concours qu'elles nous ont prêté, demandons-leur la permission de compter toujours fermement sur elles pour nous aider à faire mieux encore que par le passé.

Le Rapporteur,

FORTIN.

NOMBRE DE BAINS-DOUCHES DONNÉS PAR L'ŒUVRE BORDELAISE

		HOMMES	FEMMES	MILITAIRES	Scolaires			TOTAUX
					GARÇONS	FILLES		
1893		21.860	1.780	—	1.766	645		26.051
1894		19.065	921	—	9.575	4.105		33.666
1895		25.890	1 426	—	8.464	4.565		39.346
1895 (Exposition)		6.465	1.060	—	—	—		7.525
1896		24.784	965	—	6.400	3.468		35.617
1897	1er Local	28.736	2.244	—	6.191	3 555	40.716	45.399
	2e Local	4.125	188	—	232	128	4.673	
1898	1er Local	29.594	3.435	1.789	5.513	3.513	43.844	61.974
	2e Local	15.241	1.382	—	990	567	18.130	
1899	1er Local	29.024	4.494	2.792	7.412	4.138	47.861	72.681
	2e Local	17.974	2.019	19	3 197	1.614	24.820	
1900	1er Local	25.186	4 592	3.129	5 312	2.839	41.058	112 816
	2e Local	17.576	3.053	327	2 093	1.195	24.244	
	3e Local (Ouvert Avril)	26 905	10.062	3 651	5 015	1 881	47.514	
1901	1er Local	22 471	5.138	2.022	3.682	2 293	35.606	141.882
	2e Local	17.693	3.027	513	3 212	1.497	25.942	
	3e Local	38.809	13.521	4.221	5.984	2 783	65.318	
	4e Local	9.633	2.445	372	1.677	889	15.016	
1902	1er Local	22.592	5.437	1.875	4.102	2.501	37.507	154.461
	2e Local	16.824	3.143	592	4.153	2 419	27.131	
	3e Local	42.444	14 444	4.981	5.832	4 999	72.700	
	4e Local	9.496	2 947	700	2.855	1 125	17.123	
1903	1er Local	20.208	3 971	1.161	3.242	1.495	30.077	166.905
	2e Local	15.075	2.331	667	4 308	2.513	24.894	
	3e Local	43.437	13.535	6.088	4.657	2 844	70.561	
	4e Local	8.682	2.471	604	2.002	2 340	16.099	
	5e Local	13.639	7.282	1.033	1.693	1 627	25 274	
		572.428	118.310	36.537	109.416	61 632		898.323
		690.738			171.048			

Résultats de l'Exploitation

RECETTES		Effectuées	Prévues au budget.	DIFFÉRENCES en plus.	DIFFÉRENCES en moins
91.095 bains-douches Hommes, à 0,20 .... F.	18.819 »				
29.579 » Femmes, »	5.915 80				
10.220 » Scolaires garçons, à 0,10	1.022 »				
6,071 » Scolaires filles, à 0,10	667 10				
9.553 » Militaires, à 0,10	955 30				
6.957 » sur bons, Public	» »				
5.682 » sur bons, Scolaires garçons.	» »				
4.148 » sur bons, Scolaires filles ...	» »				
160.005 bains-douches		27.379 20			
13 savons en supplément à 0,05	» 65				
Location de 131.400 serviettes, à 0,05	6 570 »				
Location de 20.331 coiffes, à 0,05	1.016 70				
Vente de 22 coiffes, à 0,50	11 »				
		7.598 35			
Recette d'exploitation des cinq locaux ..		34 977 55	40 890 »		5.912 45
Recettes générales de l'Œuvre.					
Cotisation des sociétaires	740 »		700 »	40 »	
Subvention de la Chambre de commerce	500 »		500 »		
Subvention du Conseil général	500 »		500 »		
Subvention de l'Etat	300 »		300 »		
Vente de bons à la Ville	1.797 50		1 800 »		2,50
Dons en espèces, M. Manaud	88 »			88 »	
Publicité dans les locaux	175 »			175 »	
Intérêts Caisse d'épargne	78 40		30 »	48 40	
Intérêts Société bordelaise	15 55			15 55	
		4.194 45			
		39.172 »	44.720 »	366 95	5.914 95
Recettes en moins pour balance		5.548 »		5.548 »	
		44.720 »	44 720 »	5.914 »	5.914 95

Doit Balance du Compte Profits et

Intérêts payés en 1903 .... F.	4.750 55
Versé à la Caisse de retraite pour le personnel	220 »
Moins-value Lingerie des cinq locaux	1.435 55
Frais généraux de l'Œuvre	640 25
Perte sur Exploitation Local B	333 40
Perte sur Exploitation Local D	568 30
	7.951 05
Bénéfice net de l'Exercice 1903	4.472 05
(Ledit bénéfice est passé en déduction du Compte de premier établissement qui se trouve ramené de 117.351 95 au chiffre ci-dessous de 112,882 90.)	
	12 426 10

Doit Balance générale des Comptes

En Caisse au 31 décembre 1903 .... F.		6.125 20
A la Caisse d'épargne		3.000 45
En dépôt au Gaz		42 40
Exposition de Saint-Louis		129 05
Frais de premier établissement, rue Naujac		901 60
Lingerie Local A (25 0/0 déduits)	593 80	
» » B	327 75	
» » C	1,065 35	4.300 60
» » D	448 35	
» » E	1,891 85	
Société Bordelaise de crédit		1.145 80
Avances à MM Goulinat et Turbiaux, entrepreneurs	3.700 »	
» à M. Lagorce, entrepreneur	3.000 »	9.400 »
» à M. Lagueyte, entrepreneur	1.000 »	
» à M. Larroque, entrepreneur	800 »	
Frais de premier établissement réduits des 4.475 fr. 05 de bénéfice présentés par le Compte profits et pertes		112.882 90
		138.000 »

générale exercice 1903.

DÉPENSES		Effectuées	Prévues au budget.	DIFFÉRENCES en plus	DIFFÉRENCES en moins
Loyer des 5 locaux..........F.	5.502 »		5 501 »	1 »	
Éclairage	1.380 70		1,330 »	50 70	
Charbon	3.828 85		3.880 »		51 15
Eau de la Ville (local C non réglé)	884 65		2.380 »		1.495 35
Appointements et participation	10.421 85		11.100 »		678 15
Savons	1.597 80		2,150 »		552 20
Blanchissage	2.396 45		3.470 »		1,073 55
Assurance incendie	209 10		179 50	29 60	
Frais généraux et d'entretien	1.345 40		2.800 »		10 20
Force motrice	69 80		80 »		
Dépenses d'exploitation des 5 locaux		27.636 60			
Dépenses générales de l'Œuvre.					
Versé à la caisse de retraite du personnel	226 »				
Employés en dehors de l'Exploitation	335 »				
Frais divers	65 60				
Frais d'encaissements	76 10				
Vérification polices d'assurance	50 10				
Assurance contre les accidents	113 45				
		866 25	2.000 »		1.133 75
Service de la Dette.					
Intérêts aux actionnaires	3.415 »		3 060 »	355 »	
Intérêts Habitations à bon marché	1.335 55		1 200 »	135 55	
		4,750 55			
		33 253 40	39.130 50	571 85	6.448 »
Excédent des Recettes sur les Dépenses		5.018 60	5.589 50	329 10	
		39 172 »	41.720 »	900 95	
Dépenses en moins pour balance		5.548 »		5.548 »	
		41 720 »	41.720 »	6 448 95	6.448 95

Pertes au 31 Décembre 1903. Avoir

Intérêts Caisse d'épargne..........F	78 40
Intérêts Société Bordelaise de crédit	15 55
Cotisations encaissées	740 »
Dons en espèces	88 »
Subventions	1 300 »
Publicité	175 »
Bénéfice d'exploitation, Local A	1.020 95
Bénéfice d'exploitation Local C	5.487 75
Bénéfice d'exploitation Local E	1.722 95
Vente de bons	1.707 50
	12.426 10

au 31 Décembre 1903. Avoir

210 Bons non amortis	108.000 »
Prêt Habitations à bon marché	30.000 »
	138.000 »

Certifié conforme aux écritures :

Le Trésorier,

A. Trial.

Détail par local des recettes d'Exploitation, Exercice 1903.

LOCAUX	BAINS-DOUCHES DONNÉS										VENTE DE SAVONS EN SUPPLÉMENT À 0.05		LOCATION À 0.05			VENTE DE COIFFES À 0 FR. 50		TOTAL DES RECETTES PAR LOCAL
	PAYANTS						SUR BONS											
	à 0.20		à 0.10			SOMMES	PUBLIC		SCOLAIRES				SERVIETTES	COIFFES	SOMMES			
	Hommes.	Femmes.	Scolaires Garçons.	Scolaires Filles.	Militaires.		Hommes.	Femmes.	Garçons.	Filles.								
A MERRY-DELABOST	18.867	3.791	2.242	1.138	1.161	5.021 70	1 341	»	1.000	357	9	0.45	23.799	2.574	1.318 65	»	» »	6.340 80
B PAUL DELMAS........	14.512	2 329	2.702	1.744	667	3.879 50	563	2	1.606	769	2	0.10	16 867	1.708	928 75	»	» »	4.808 35
C AUGUSTE COUAT.......	30.890	13.535	3 063	1.657	6.088	11.763 83	3.547	»	1.594	1.187	»	» »	61.301	9.494	3 539 75	10	5 »	15 310 55
D JULES PERRENS.......	7.976	2 471	1.159	1.365	604	2.402 20	706	»	843	975	2	0.10	9.162	1.781	547 15	»	»	2.949 45
E BROUARDEL (6 mois)....	12.850	7.273	1.054	767	1.033	4 310 »	789	9	639	860	»	» »	20 271	4.777	1.252 40	12	6 »	5 568 40
	94.005	29.579	10.220	6.671	9.553	27.379 20	6.946	11	5.682	4.148	13	0.65	131.400	20.334	7.586 70	22	11 »	31 977 55

Détail par local des dépenses d'Exploitation, Exercice 1903.

LOCAUX	LOYER	ÉCLAIRAGE	CHARBON	EAU DE LA VILLE	APPOINTEMENTS ET PARTICIPATION	SAVONS	BLANCHISSAGE	ASSURANCES INCENDIE	FRAIS GÉNÉRAUX ET D'ENTRETIEN	ÉLECTRICITÉ POUR FORCE MOTRICE		TOTAL DES DÉPENSES PAR LOCAL
A 21, quai de la Monnaie	1.001 »	228 60	711 50	230 50	2.002 05	203 75	440 75	44 10	277 60	» »		5.310 85
B 6, quai de Bacalan	1.400 »	215 20	650 20	182 10	1.843 15	218 25	323 50	33 55	206 »	69 80		5.141 75
C 30, rue Dauphine	2.200 »	597 10	1.410 60	157 80	3.108 60	646 20	1.101 45	51 »	455 05	» »		9.817 80
D 45, rue de Nuits	301 »	141 »	547 30	184 75	1.726 85	191 05	203 30	24 50	198 »	» »		3.517 75
E 22, place d'Aquitaine	600 »	198 80	509 25	129 50	1.561 20	248 55	327 45	55 95	208 75	» »		3.839 45
	5.502 »	1.380 70	3.828 85	884 65	10.421 85	1.597 80	2.396 45	209 10	1.345 40	69 80		27.636 60

1903. — Local A,

DATES	SAVONS livrés avec les bains	SAVONS Suppl. à 0,05	SAVONS SOMMES	SERVIETTES livrées à 0,05	SERVIETTES SOMMES	COIFFES louées à 0,05	COIFFES SOMMES	Vendues 0,50	SOMMES
Janvier	1.662			1.323	66 15	109	5 45		
Février	1.702			1.360	68 »	109	5 45		
Mars	2.287	1	0 05	1.879	93 95	186	9 30		
Avril	2.304			1.946	97 30	230	11 50		
Mai	3.984			3.193	159 65	364	18 20		
Juin	4.065	3	0 15	2.853	142 65	328	16 40		
Juillet	4.054	1	0 05	2.920	146 »	449	22 45		
Août	3.363	2	0 10	2.875	143 75	409	20 45		
Septembre	2.308	1	0 05	2.079	103 95	205	10 25		
Octobre	1.730			1.535	76 75	121	6 05		
Novembre	1.105			1 005	50 25	40	2 »		
Décembre	1.513	1	0 05	831	41 55	24	1 20		
Totaux	30,077	9	0 45	23.799	1.189 95	2 574	128 70		

1903. — Local B,

DATES	SAVONS livrés avec les bains	SAVONS Suppl. à 0,05	SAVONS SOMMES	SERVIETTES livrées à 0,05	SERVIETTES SOMMES	COIFFES louées à 0,05	COIFFES SOMMES	Vendues 0,50	SOMMES
Janvier	1.240			799	39 95	51	2 55		
Février	1.292			888	44 40	60	3 »		
Mars	1 844			1.201	60 05	107	5 35		
Avril	1.672			1.205	60 25	90	4 50		
Mai	3.104			2 066	103 30	210	10 50		
Juin	2.761	2	0 10	1 836	91 80	240	12 »		
Juillet	3.009			2.186	109 30	291	14 55		
Août	2.516			2 190	109 50	259	12 95		
Septembre	1.938			1.691	84 55	209	10 45		
Octobre	1.711			1.317	65 85	95	4 75		
Novembre	1.199			731	36 55	61	3 05		
Décembre	2.608			757	37 85	35	1 75		
Totaux	24.894	2	0 10	16.867	843 35	1.708	85 40		

1903. — Local C,

DATES	SAVONS livrés avec les bains	SAVONS Suppl. à 0,05	SAVONS SOMMES	SERVIETTES livrées à 0,05	SERVIETTES SOMMES	COIFFES louées à 0,05	COIFFES SOMMES	Vendues 0,50	SOMMES
Janvier	3.250			2 953	147 65	309	15 45		
Février	3.331			3.136	156 80	325	16 25	2	1 »
Mars	5.145			4.539	226 95	605	30 25	3	1 50
Avril	5.142			4.711	235 55	549	27 45	1	0 50
Mai	8.206			7.192	359 60	1.123	56 15	1	0 50
Juin	8.130			7.022	351 10	1.122	56 10	1	0 50
Juillet	10.006			8.085	404 25	1.590	79 50		
Août	8.582			7.497	374 85	1.603	80 15		
Septembre	6.433			5.803	290 15	1.085	54 25	2	1 »
Octobre	4 578			4 251	212 55	583	29 15		
Novembre	3.275			3.175	158 75	331	16 70		
Décembre	4.483			2.937	146 85	266	13 30		
Totaux	70.561			61.301	3.065 05	9.494	474 70	10	5 »

1, quai de la Monnaie.

BAINS-DOUCHES											TOTAL des RECETTES journalières.
SUR BONS				PUBLICS à 0,20			à 0,10				
Publics		Scolaires		Hommes	Femmes	SOMMES	Scolaires		MILITAIRES	SOMMES	
Hommes	Femmes	Garçons	Filles				Garçons	Filles			
64		34	45	964	191	231 »	167	106	91	36 40	339 »
67		14	42	1.055	186	248 20	219	57	62	33 80	355 45
65		28	11	1 413	304	313 40	220	145	101	46 60	493 30
78		41		1 445	366	362 20	154	114	106	37 40	508 40
123		64	19	2.264	571	567 »	481	302	160	94 30	839 15
169		70	15	2.325	480	561 »	624	255	127	100 60	820 80
266		80	64	2.467	661	625 60	265	122	129	51 60	845 70
233				2 371	611	596 40			148	14 80	775 50
144				1.746	315	412 20			103	10 30	536 75
88		1	1	1 303	186	297 80	68	22	61	15 10	395 70
30		4	5	913	60	194 60	44	15	34	9 30	256 15
14		664	155	601	40	128 20			39	3 90	174 96
,341		1 000	357	18.867	3.971	4.567 60	2.242	1.138	1.161	454 10	6.340 80

6, quai de Bacalan.

Hommes	Femmes	Garçons	Filles	Hommes	Femmes	SOMMES	Garçons	Filles	MILITAIRES	SOMMES	TOTAL
14		22	49	699	83	156 40	213	123	37	37 30	236 20
10		20	41	744	97	168 20	221	126	33	38 »	253 60
21		20	12	1,063	156	243 80	361	165	46	57 20	366 40
22		10		1 112	132	248 80	219	126	51	39 60	353 15
62		21	32	1 769	274	408 60	496	382	68	94 60	617 10
95		16	1	1,578	315	378 60	379	301	76	75 60	558 »
117	2	20	27	1,870	351	444 20	318	227	77	62 20	630 25
100				1,962	330	458 40	30		94	12 40	593 25
71				1,531	276	361 40			60	6 »	462 40
29		11	10	1 134	156	258 »	191	121	59	37 10	365 70
7		15	25	615	96	142 20	241	158	42	44 10	225 90
15		1,451	572	435	63	99 60	33	15	24	7 20	146 40
63	2	1 606	769	14.512	2.329	3.368 20	2.702	1.744	667	511 30	4.808 35

30, rue Dauphine.

Hommes	Femmes	Garçons	Filles	Hommes	Femmes	SOMMES	Garçons	Filles	MILITAIRES	SOMMES	TOTAL
91		68	56	1 955	510	493 »	42	162	366	57 »	713 10
111		56	59	2 003	524	505 40	122	95	361	57 80	737 25
174		117	111	3.011	845	771 20	263	160	464	88 70	1.118 10
172		12	23	3.201	784	797 »	316	185	449	95 »	1,156 »
384		22		4.723	1.455	1.235 60	690	307	625	162 20	1.814 05
492		6	35	4.599	1 482	1.216 20	718	271	527	151 60	1.775 50
894		7	94	5.130	2.258	1.477 60	558	272	793	162 30	2.123 65
484				4 969	2 449	1.483 60			680	68 »	2.006 60
351				3 925	1.502	1.085 40			655	65 50	1.496 30
180			18	1.861	817	735 60	180	93	429	70 20	1.047 50
94		18	13	1.989	499	497 60	174	102	386	66 20	739 25
120		1.288	778	1.524	410	386 80		10	353	36 30	583 25
.547		1 594	1.187	39.890	13.535	10.685 »	3.063	1.657	6.088	1.080 80	15.310 55

1903. — Local D,

DATES	SAVONS livrés avec les bains.	SAVONS Suppl. à 0,05	SAVONS SOMMES	SERVIETTES livrées à 0,05	SERVIETTES SOMMES	COIFFES louées à 0,05	COIFFES SOMMES	COIFFES Vendues 0,50	COIFFES SOMMES
Janvier	639			414	20 70	35	1 75		
Février	702			445	22 25	44	2 20		
Mars	1.052	1	0 05	639	31 95	83	4 15		
Avril	976			711	35 55	71	3 55		
Mai	1.854	1	0 05	1,139	56 95	159	7 95		
Juin	1,952			1,020	51 »	240	12 »		
Juillet	2.570			1,256	62 80	298	14 90		
Août	1,998			1,189	59 45	383	19 15		
Septembre	1.253			862	43 10	201	10 05		
Octobre	1.017			645	32 25	123	6 15		
Novembre	841			491	24 55	86	4 30		
Décembre	1 245			351	17 55	58	2 90		
Totaux	16.099	2	0 10	9,162	458 10	1,781	89 05		

1903. — Local E,

DATES	SAVONS livrés avec les bains.	SAVONS Suppl. à 0,05	SAVONS SOMMES	SERVIETTES livrées à 0,05	SERVIETTES SOMMES	COIFFES louées à 0,05	COIFFES SOMMES	COIFFES Vendues 0,50	COIFFES SOMMES
Janvier									
Février									
Mars									
Avril									
Mai									
Juin	513			476	23 80	118	5 90	1	0 50
Juillet	6.833			4.817	240 85	1.313	65 85	8	4 »
Août	5.909			5.031	251 55	1.399	69 95	3	1 50
Septembre	4.125			3.767	188 35	868	43 40		
Octobre	3,133			2.559	127 95	514	25 70		
Novembre	2,326			1.984	99 20	339	16 95		
Décembre	2.435			1,637	81 85	226	11 30		
Totaux	25.274			20.271	1.013 55	4.777	238 85	12	6 »

6, rue de Nuits.

BAINS-DOUCHES SUR BONS				PUBLICS à 0,20			à 0,10				TOTAL des RECETTES journalières.
Publics		Scolaires					Scolaires				
…mes	Femmes	Garçons	Filles	Hommes	Femmes	SOMMES	Garçons	Filles	MILITAIRES	SOMMES	
12		37	57	306	63	73 80	72	49	43	16 40	112 65
10		46	63	323	60	76 60	77	70	53	20 »	121 05
8		29	83	531	105	127 20	104	131	41	27 60	190 95
31		32	16	590	89	135 80	110	57	51	21 80	196 70
54		24	77	919	193	222 40	271	250	66	58 70	346 05
78		21	38	1.062	347	281 80	128	232	46	40 60	385 40
38		136	69	1.208	402	322 »	243	324	50	61 70	461 40
54				1.215	505	344 »		46	78	12 40	435 »
97				781	302	216 60			73	7 30	267 05
54		26	18	537	195	146 40	69	68	50	18 70	203 50
29		38	89	302	132	86 80	85	138	28	25 10	140 75
21		454	465	202	78	56 »			25	2 50	78 95
/06	975	843	975	7.976	2 471	2.089 40	1.159	1.365	604	312 80	2.949 45

22, place d'Aquitaine.

15				323	153	95 20			22	2 20	127 60
233		294	116	3.019	1.931	990 »	629	408	203	124 »	1.424 50
194				3.320	2.155	1095 »			240	24 »	1.442 »
137				2 438	1 355	758 60			195	19 50	1 009 85
98		57	35	1.593	801	4[illegible]8 80	210	198	131	53 90	686 35
56		14	25	1 250	523	354 60	205	147	106	45 80	516 55
56	9	274	684	907	355	252 40	10	14	136	16 »	361 55
789	9	639	860	12.850	7 273	4.024 60	1.054	767	1.033	285 40	5.568 40

BUDGET 1904

RECETTES

Exploitation des 5 locaux :		
150.000 bains-douches à 0 fr. 20 ... F.	30.000 »	
30.000 bains-douches scolaires et militaires à 0 f. 10	3.000 »	
180.000		33.000 »
Location de 178.000 serviettes ou coiffes à 0 fr. 05		8.900 »
Recettes générales de l'Œuvre :		41.900 »
Cotisation des sociétaires..........	700 »	
Subvention de l'Etat..........	300 »	
» du Conseil général	300 »	
» de la Chambre de commerce	500 »	
» de la Ville de Bordeaux (loyer local D).......	» »	
Vente de bons..................	1.800 »	
Intérêts divers..................	50 »	
Publicité dans les locaux..........	250 »	
» sur les tickets de contrôle.	mémoire	
		3:900 »
RECETTE TOTALE...F.		45 800 »

DÉPENSES

Exploitation des 5 locaux :		
Loyer..........................F.	3.101 »	
Eclairage....................	1.500 »	
Charbon......................	4.200 »	
Eau de la ville..................	2.500 »	
Appointements et participation.....	12 000 »	
Savons......................	1.800 »	
Blanchissage..................	3.000 »	
Assurances..................	209 10	
Frais généraux et d'entretien.......	2 000 »	
Force motrice..................	70 »	
Retraite du personnel..............	260 »	
		33.640 10
Dépenses générales de l'Œuvre :		
Service du contrôle, tickets.........	700 »	
Frais généraux, personnel et propagande..........	1.000 »	
		1 700 »
Service de la dette :		
Intérêts 4 0/0 sur 108.000 fr., actions	4 320 »	
» » 30.000 fr., Prêt Habit. à bon marché	1.200 »	
		5 520 »
		40 860 10
Excédent probable des recettes sur les dépenses......		4.939 90
TOTAL..............F.		45 800 »

DEPUIS SA FONDATION l'Œuvre a payé à titre d'intérêt

Exercice 1893	F.	300 65
» 1894		560 »
» 1895		720 »
» 1896		680 »
» 1897		760 »
» 1898		1,417 45
» 1899		1,355 »
» 1900		2.570 »
» 1901		3 361 80
» 1902		3,751 95
» 1903		4,750 55
Soit, en onze ans, un total de	F.	20,227 40

De plus, pendant la même période, il a été émis :

232 Bons de 500 francs, soit une somme de . . F.	116,000
dont 16 Bons de 500 francs ont été remboursés par	8,000
Reste 216 Bons, formant un total de. . . . . F.	108,000

AU RÉSUMÉ

L'Œuvre a payé pour intérêts. . . . . F.	20,227 40
» » pour remboursements.	8,000 »
C'est, en onze années, un total de. . . . F.	28,227 40

payés par l'exploitation.

BAINS-DOUCHES SCOLAIRES

Garçons		Filles	
Écoles :		Écoles :	
Rue Dupaty	3.595	Rue Dupaty	1.519
Saint-Bruno	1.853	Place Montaud	1.319
Rue Deyries (Groupe des Sablières)	1.568	Rue d'Arès (Saint-Bruno)	891
Rue Saint-Charles	1.563	Rue Fieffé	669
Rue Villeneuve	1.400	Rue Nuyens	633
Rue Francin	1.323	Rue des Sablières	628
Rue Léonard-Lenoir	1.165	Route de Toulouse ([illegible])	566
Rue Nuyens	750	Rue Saint-Louis	546
Place Belcier	520	Rue Gratiolet	535
Rue d'Arlac	326	Rue des Ayres	534
Rue Solférino	284	Rue Saint-Charles	462
Route de Toulouse	242	Rue Achard	437
Rue Henri-IV	227	Rue Permentade	283
Rue de New-York	217	Rue de Talence	247
Cenon	49	Rue de Lerme	222
Rue du Jardin-Public	36	Cenon	210
Rue Paul-Bert	29	Rue d'Arlac (Groupe Godard)	189
Gouffrand	14	Rue Sainte-Eulalie	159
		Serpolet	139
		Chantecrit	74
		Rue David-Johnston	65
		Rue Lavillé-Fatin	54
		Cité Martin-Videau	49
Frères (New-York)	309		
Frères (Saint-Martial)	48	Protestantes	43
Divers	384	Divers	346
Total	15.902	Total	10.819

Garçons	15.902
Filles	10.819
	26.721

BAINS-DOUCHES SCOLAIRES

10 Centimes (Savon et Coiffe compris)

RÉCAPITULATION

ANNÉES	GARÇONS	FILLES	TOTAUX
1893	1.766	645	2.411
1894	9.575	4.105	13.680
1895	8.464	4.566	13.030
1896	6.400	3.468	9.868
1897	6.423	3.683	10.106
1898	6.453	4.080	10.533
1899	10.516	5.845	16.361
1900	12.483	5.852	18.335
1901	13.044	8.973	22.017
1902	16.942	11.044	27.986
1903	15.902	10.819	26.721
TOTAUX...	107.968	63.080	171.048

MILITAIRES

10 Centimes (Savon compris).

RECAPITULATION

Année	1898............	1.789	bains-douches.
—	1899............	2.812	—
—	1900............	7.107	—
—	1901............	7.128	—
—	1902............	8.148	—
—	1903............	9.553	—
	Total......	36.537	

PROPRETÉ DONNE SANTÉ

ŒUVRE PARISIENNE

DES

BAINS-DOUCHES A BON MARCHÉ

à 20 centimes, savon compris.

Fondée le 10 mars 1898, au Musée social.

1er *Local :* CHARLES CAZALET

49, rue de Bretagne,

2e *Local :* JULES SIMON

54, rue de la Goutte-d'Or

3e *Local :* ÉMILE LOUBET

80, rue du Faubourg-Saint-Antoine

Ouverture probable en août 1904.

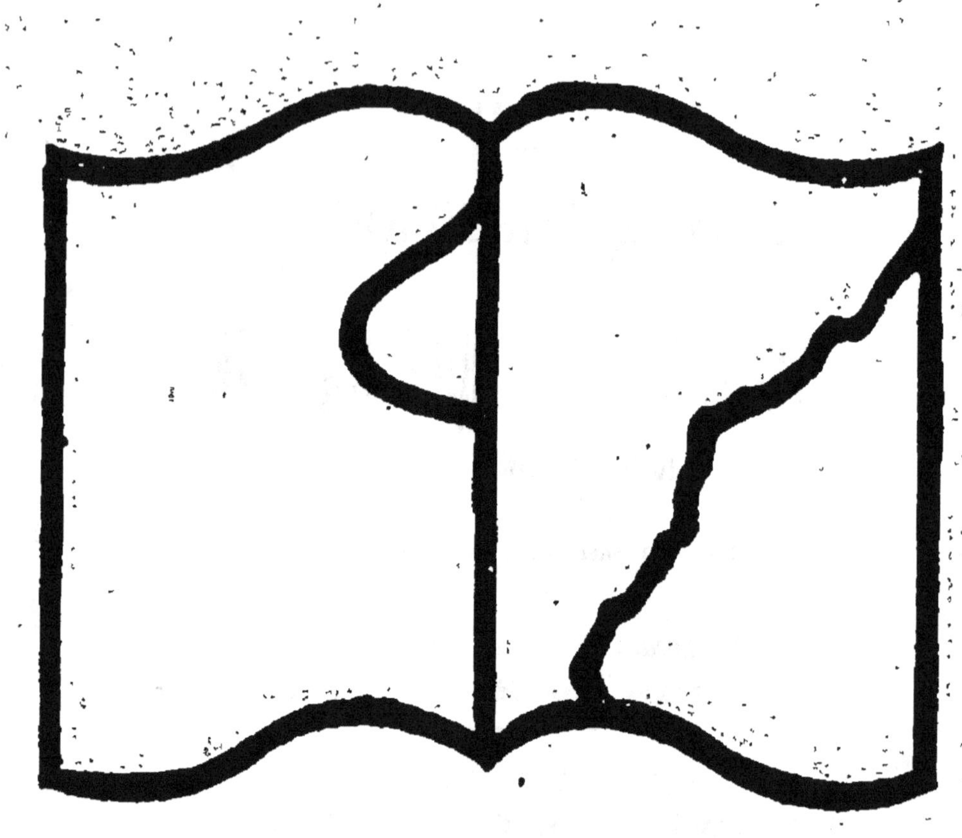

EXPLOITATION DE

Local CHARLES

RECETTES

	Hommes.	Femmes.	Militaires.	Scolaires.	Serviettes.	Coiffes.	Coiffes vendues.	RECETTE
Janvier.......	3.944	604	135	26	5.077	383	1	1.206 4
Février.	4.056	730	167	34	5.362	468	»	1.277 1
Mars..........	4.580	800	189	90	6.168	539	»	1.449 9
Avril....	4.361	625	180	103	5.679	412	1	1.339 5
Mai......... .	5.819	1.166	221	182	8.026	767	2	1.889
Juin..........	5.290	1.149	164	196	7.353	763	6	1,889
Juillet........	5.951	1 376	164	211	8 107	885	3	2.332
Août..........	5.819	1.250	174	70	7.792	803	2	2.239 8
Septembre...	4.925	1.031	150	46	6.471	666	»	1.880
Octobre......	4.232	776	149	70	5.600	499	»	1.593
Novembre....	3.853	568	84	134	4.930	357	»	1.400
Décembre....	3.326	514	118	61	4.331	315	»	1.222
	56.156	10 589	1.895	1.223	74 896	6.857	15	19.720

TOTAL......... 69.863

L'ANNÉE 1903

AZALET

DÉPENSES

Loyer, Assurance ıpositions et Patente	F.	4.864 80
lairage		384 30
mbustibles		918 »
u		715 30
pointements et participations		3.583 70
vons		640 40
nchissage des serviettes		1.896 45
ais généraux divers		1.308 65
térêts 3 0/0 sur 36.000 francs		1 080 »
» 4 0/0 5.750 francs		230 »
	F.	15.621 60

Recettes	F.	19 720 95
Dépenses		15.621 60
	F.	4.099 55
Versement des Membres adhérents		100 »
Excédent de l'Exploitation		4.199 55

EXPLOITATION DE

Local JULES

RECETTES

	Hommes.	Femmes.	Militaires.	Scolaires.	Serviettes.	Coiffes.	Coiffes vendues.	RECETTES
Janvier.....	3.269	483	62	41	3.748	345	»	968 45
Février.......	3.306	725	69	187	4 123	56.	»	1.069 45
Mars.........	4.150	845	87	143	5.004	641	»	1.308 60
Avril....	3.836	687	93	107	4 598	533	»	1.185 80
Mai...........	6.415	1.605	134	235	7.836	1.234	»	2,101 10
Juin.......	5 545	1.602	98	143	6 875	1.236	»	2,029 9
Juillet... ..	6.488	1.913	98	258	7.774	1.489	»	à,608 80
Août..........	5.815	1.504	82	103	6.894	1.193	»	2 260 40
Septembre...	4 921	1.204	69	21	5.866	935	»	1,887 20
Octobre......	3.785	733	50	19	4.460	532	1	1.391 50
Novembre....	3 380	450	47	3	3.950	279	»	1.178 6
Décembre....	2 394	378	55	55	3.0 25	215	»	871 5
	53 304	12.129	844	1.315	64.15 3	9.193	1	18.861 4

TOTAL......... 67,592

L'ANNÉE 1903

SIMON

DÉPENSES

Loyer, Assurance / mpositions et Patente	F.	5.032 05
clairage		415 20
ombustibles		1.279 05
au		673 20
ppointements et Participations		3.694 10
avons		636 05
lanchissage des serviettes		1.628 35
rais généraux divers		1.707 95
ntérêts 3 0/0 sur 20.500 francs		615 »
» 4 0/0 41.250 francs		1.650 »
	F.	17.331 55

RECETTES	18.861 40
DÉPENSES	17.331 55
F.	1.529 85
Versement des Membres adhérents	130 »
Excédent de l'Exploitation	1.659 85

NOMBRE DE BAINS-DOUCHES
donnés par l'Œuvre Parisienne.

	1899	1900	1901	1902	1903	TOTAUX
Local Charles CAZALET, Rue de Bretagne. (Ouverture : 15 avril 1899)	34.970	60.350	71.597	73.695	69.863	310.475
Local Jules SIMON, Rue de la Goutte-d'Or. (Ouverture : Septembre 1900)	»	17.813	70.819	72.087	67.592	228.311
	34.970	78.163	142.416	145 782	137.455	538 786

MEMBRES DE LA SOCIÉTÉ

DAMES PATRONNESSES

Mmes Charles CAZALET, 1, rue de Condé.
Benjamin CAZALET, 7, place du Champ-de-Mars.
Paul DELMAS, 5, place de Longchamps.
Henri GOUNOUILHOU, rue de Cheverus.
Francis DE LUZE, 37, pavé des Chartrons.
Mlle BOSC (Élisabeth), 12, rue Foy.

EXTRAIT DES STATUTS

ART. 3.

Le titre de dame patronnesse s'acquiert par un versement de 50 francs une fois donnés, et dispense de toute cotisation.

DAMES ASSISTANTES

Mmes Adrien BAYSSELLANCE, 84, rue de Saint-Genès.
G. BAYSSELLANCE, 79, rue Turenne.
BREITTMAYER, 26, rue Poudensan.
Mlle CHAMBOLLE, 41, rue Thiac.
Mmes COUAT, 7, rue Pérey.
DARRIET, 47, cours Balguerie-Stuttenberg.
FORSANS, mère, 11, rue Boudet.
Jules FORSANS, 7, rue Croizillac.
Mlles FORSANS, 11, rue Boudet.
GOUNOUILHOU, 8, rue de Cheverus.
Mmes LANDE, 34, place Gambetta.
LAROQUE, 12, rue de la Bourse.
Jules LARRUE, 9, cours d'Aquitaine.
Marc LARRUE, 1, place Bardineau.
LAYET, 42, rue du Palais-de-Justice.
LESCA, 130, rue du Palais-Gallien.
MONOD, 19, rue Vauban.
PIÉCHAUD, 18, rue Porte-Dijeaux.
RATTON, chemin de Trégey, 4.
RIETMANN, 27, rue de l'Église Saint-Seurin.
Daniel ROBERT, 5, cours d'Alsace-Lorraine.
RODBERG, 5, rue de Condé.
TOUZIN, 13, cours Saint-Louis.
TRIAL, 1, avenue Abadie.

Le titre de Dame assistante n'entraîne à aucune cotisation et n'oblige à se rendre au local qu'une fois tous les trois mois environ pendant le bain des Écoles des filles.

FONDATEURS

B

BRANDENBURG (J.), ✻ 3, place Richelieu, *Fondateur*.
BARTON et GUESTIER, 35, pavé des Chartrons, *Fondateurs*.

C

CAZALET (Charles), O. ✻, ✪ I. ancien adjoint au Maire, 1, rue de Condé, *Fondateur*.
CAHEN (Ernest), ✪ I., ancien adjoint au Maire, 15, cours de Tourny, *Fondateur*.
CAZALET (Benjamin), ✪ A., 7, place du Champ-de-Mars, *Fondateur*.
CHAMBRE DE COMMERCE DE BORDEAUX, *Fondateur et subvention annuelle*.
CONSEIL GÉNÉRAL DE LA GIRONDE, *Subvention annuelle*.
COMPAGNIE DU GAZ DE BORDEAUX, *Fondateur* (2 fois).
CRUSE Frères, 123, quai des Chartrons, *Fondateurs*.
CALVET et Cie, 75, cours du Médoc, *Fondateur*.

E

ESCHENAUER et Cie, 24, quai des Chartrons, *Fondateurs*.

F

Famille FORSANS, *Fondatrice :*
FORSANS (Paul), ✪ A., 11, rue Boudet.
FORSANS (Jules), juge au Tribunal de commerce, 7, rue Croizillac.
FORSANS (Henri), 11, rue Boudet.
FORSANS (Georges), 11, rue Boudet.
FORSANS (Jean), 7, rue Croizillac.

J

JACMART (Gustave), 88, rue Judaïque, *Fondateur*.
JOHNSTON et Fils, ✻, 12, pavé des Chartrons, *Fondateurs*.

K

KRESSMANN et Cie (Ed.), 17, rue Vauban, *Fondateurs.*

L

LESCA (Léon), ✻, conseiller général, 130, rue du Palais-Gallien, *Fondateur.*

LUZE (DE) et Fils, 88, quai des Chartrons, *Fondateurs.*

LARCHER père et fils jeune, 93, quai des Chartrons, *Fondateurs.*

M

MINISTÈRE DE L'INTÉRIEUR, *Subvention annuelle.*

MAUREL & PROM et MAUREL Frères, 3, cours de Gourgue, *Fondateurs.*

P

PEYRELONGUE (A.), 32, rue Ferrère, *Fondateur.*

R

ROSENHEIM & Fils, 133, quai des Chartrons, *Fondateurs.*

S

SCHRODER & SCHYLLER & Cie, 97, quai des Chartrons *Fondateurs.*

T

TOUZIN (Albert), ✪ I., architecte, 13, cours Saint-Louis, *Fondateur.*

V

WORMS & Co, 7, allées de Chartres, *Fondateurs* (deux fois).

VILLE DE BORDEAUX, *Subvention annuelle.*

SOCIÉTAIRES

A

ASTRUC (Fernand), ✪ A., 23, rue de la République, à Saint-Mandé.

ASSOCIATION GÉNÉRALE DES ÉTUDIANTS DE BORDEAUX, 170, cours Victor-Hugo.

AVRIL ✻, 10, place Pey-Berland.

ANOUIL, 199, boulevard de Caudéran.

B

BAYSSELLANCE (A.), O. ✻, ancien maire de Bordeaux, 84, rue de Saint-Genès.

BRUNEREAU, 376, avenue Thiers, La Bastide.

BOUCHARD, 52, rue Huguerie.

BOUBÈS (Georges), 15, place des Quinconces.

BERTHOMIEU, 96, rue Camille-Godard.

BOURCIER, 87, rue de la Trésorerie.

BOSC (Mlle Suzanne), 7, cours du Chapeau-Rouge.

BOSC (Mlle Louise), 7, cours du Chapeau-Rouge.

C

CHABRELY (Gérard), ancien conseiller général, 37, rue Chabrely, La Bastide.

CHAMBOLLE (F.), ✻, 45, rue Thiac.

COLSON (A.-Ch.), 12, cours du Chapeau-Rouge.

CHAMBRE SYNDICALE DES EMPLOYÉS DE COMMERCE, 3, rue des Trois-Conils.

CHAPON (G.), 8, rue de Cheverus.

CRUSE (Henri), 29, cours du Pavé-des-Chartrons.

CHAMP, 34, allées Damour.

CALAS, I. ✪, pasteur, à Saint-Martin-de-Ré.

CAZALET (Mlle Marguerite), à Saint-Martin-de-Ré.

CAZALET et FILS, 8, rue Reignier.

CLESSE, ✻, ingénieur, directeur de la Manufacture des Tabacs, 105, rue Belleville.

D

DARRIET (Th.), ✪ A., ancien adjoint au Maire, 47, cours Balguerie-Stuttemberg.
DURAND (Georges), 20, rue Condillac.
DEMERLE ET HUGUET, 59, rue du Faubourg Saint-Jean, Nancy.
DORMOY, ✪ A., 9 *bis*, rue Guillaume-Brochon.

F

FAURE (Gabriel), ✻ O., président de la Chambre de commerce, 27, quai des Chartrons.
FAUGÈRE, ✻, 41, rue Vital-Carles.
FOURCAUD, (Émile), ✪ A., ✻, maire de Flaujagues.
FRANC DE FERRIÈRE, ✪ A., château de Vidasse, à Pessac-sur-Dordogne.

G

GADEN (Charles), ✻, membre de la Chambre de commerce, 109, rue de la Course,
GROSS-DROZ, 10, rue du Réservoir.
GIROULLE (J.), directeur de l'usine à gaz de La Bastide.
GOUNOUILHOU (Henri), ✻, 8, rue de Cheverus.
GOUNOUILHOU (Mlle E.), 8, rue de Cheverus.
GROTTES (Raoul DES), 9, place Gambetta.
GAYON, ✻ O., ✪ I., 7, rue Dufour-Dubergier.

H

HAZERA (Jean), évêque de Digne.
HAUSSER, O., ✻, ✪ I., ingénieur en chef des ponts et Chaussées, 162, boulevard Malesherbes, Paris.
HOUNAU, ✻, ✪ A., 46, rue Capdeville.
HALPHEN (Edmond), ✻, ✪ I., château Batailley, Pauillac.

J

JOUANDOT, 57, rue Saint-Sernin.
JAY (Abel), ✻, 11, cours du Chapeau-Rouge.
JAYS-ROLAND, 39, rue des Ayres.

L

LANDE (Dr Louis), ✻ O., ✿ I., ancien maire de Bordeaux, 34, place Gambetta, *Membre honoraire du Comité.*

LAYET (Dr), O. ✻, ✿ I., 42, rue du Palais-de-Justice, *Membre honoraire du Comité.*

LARRUE (Jules), ✿ I., 9, cours d'Aquitaine.

LUNG (Gustave), 36, rue Arnaud-Miqueu.

LAPARRA (E.), ✿ A., avocat, 98, rue Fondaudège.

LUZE (Charles DE), ✿ A., 21, rue de Rivière.

LÉVY, 65, cours de l'Intendance.

LOURDE-ROCHEBLAVE, 28, rue du Jardin-Public.

LAROQUE (Mme), 10, rue de la Bourse.

LAURENT (Dr), ✿ A., rue Thiers à La Rochelle.

M

MONOD (Dr), 19, rue Vauban, *Membre honoraire du Comité.*

MILLET, O. ✻, 83, rue de la Trésorerie.

MAUREL (E.), ✻, ✿, A., 5, rue d'Orléans.

MICHARD, 107, rue Judaïque.

MAGNY (Dr DU), 12, rue Esprit-des-Lois.

MAURICE, 22, rue des Menuts.

O

OLIBET Jeune et Fils, manufacturiers, à Talence.

P

PIÉCHAUD (Dr), ✿ I., 18, rue Porte-Dijeaux, *Membre honoraire du Comité.*

PELLEPORT-BURÈTE (Vicomte Pierre DE), ✻ 8, place du Champ-de-Mars.

PUJOS (Dr), 70, rue Saint-Sernin.

PENSIONNAT des Frères de Saint-Genès.

Q

QUÉREILLAC, 376, avenue Thiers.

R

RODBERG, ✲, 5, rue de Condé.
RODEL (Henri), ✪ I, substitut du Procureur de la République, 1, rue de Condé.
RIETMANN (A.), 27, rue de l'Église-Saint-Seurin.
RAULIN (Dr Louis), 125, rue du Palais-Gallien.
ROBERT (Émile), 5, cours d'Alsace-et-Lorraine.

S

SAMAZEUILH (A.), ✲, ✪ I, 12, rue Porte-Dijeaux.
SICARD (Alfred), ✪ A, M. H., 190, rue de la Benauge, La Bastide.
SOCIÉTÉ ANONYME DES TRAVAUX DYLE-BACALAN, à Bacalan.
SURSOL (Edmond), 73, avenue Thiers.

T

TRIAL (A.), ✪ I., 64, avenue Thiers, La Bastide.
TOURNON (Hte), 10, rue Boudet.
TACHARD (F.), ✪ I., secrétaire de la Ville, 6, rue du Palais-Gallien.
THIÉBAUT (Jules), architecte, Nancy.
TAUPIER-LETAGE (E.), ✪, château de Vidasse, à Pessac-sur-Dordogne.
TAUPIER Père, château de Vidasse, à Pessac-sur-Dordogne.

V

VITON, ✪ A., 34, rue Sainte-Catherine.
VIEILLARD Frères, ✲, 67, quai de Bacalan.

PRÊTEURS NON SOCIÉTAIRES

B

BÉNAZET, 28, rue Montgolfier.

C

CARLOU, 38, rue Dauphine.

D

DESMARETS, 15, cours Saint-Louis.
DURAND (Ed.), 15, cours Saint-Louis.

J

JACH, 21, quai de la Monnaie.

L

LUNG (Paul), 28, allées d'Orléans
LOURSE (Numa), 14, rue de l'Église-Saint-Seurin.
LEGENDRE (Philippe), 22, rue Gouffrand.

M

MARESTÉ, 95, rue Saint-Martin, à Cognac.

ŒUVRE ROCHELAISE

LA ROCHELLE

(INSTALLATION DE 21 CABINES)

Maçonnerie, menuiserie, ciment, installation hydraulique, peinture, etc., coiffes, linge, etc., etc..........F. 26.000

Dons...........	16.400	26.000
Emprunt........	9.600	

EXPLOITATION

Année 1902 (ouverture en octobre)...		3.513
Année 1903 : Hommes	16.609	
Femmes...............	5.410	
Enfants..........	7.049	
Militaires.............	2.045	31.113
TOTAL depuis l'ouverture......		34.626

RECETTES

29.507 bains-douches à 0 fr. 20..........F.	5.901 40
29.480 serviettes et coiffes à 0 fr. 05	1.474 »
Tickets vendus........................	1.250 »
Vente de savons et coiffes...............	9 45
Bains douches du lycée..................	214.25
Cotisations des membres honoraires	400 »
TOTAL....... .....F.	9.249 10

DÉPENSES

Loyer................F.	1.450 »	
Chauffage	1.358 20	
Eau....................	631 65	
Éclairage................	189 75	
Employés	1 450 25	
Intérêts.................	105 65	
Savons	312 60	
Assurances incendie et accidents...............	190 15	
Blanchissage	695 60	
Frais généraux	456 65	
Divers..................	371 32	
		7 211 82
EXCÉDENT de recettes..........F.		2.037 28

" Santé et Moralité par Sobriété "

Œuvre Bordelaise

DES

DÉBITS DE TEMPÉRANCE

Fondée le 11 septembre 1900.

1er Local, quai de la Douane : **DÉBIT.**

2e Local, 53, route de Toulouse : **DÉBIT-RESTAURANT.**

> L'alcoolique dissout dans son petit verre sa propre substance, sa famille et sa patrie.
>
> Émile CHEYSSON.

RÉSULTATS DE L'ANNÉE

1903

SIÈGE SOCIAL : 8, rue Reignier.

COMITÉ

Président d'honneur :

MM. le Dr LANDE, Maire de Bordeaux, 34, place Gambetta.

Président :

M. BAYSSELLANCE (ADRIEN), 84, rue Saint-Genès.

Vice-Présidents :

MM. le Dr RÉGIS, 154, rue Saint-Sernin.
le Dr MAURIAC, 115, rue de la Trésorerie.

Secrétaire général :

M. CAZALET (CHARLES), 1, rue de Condé.

Administrateur délégué :

M. HOUNAU (LOUIS), 46, rue Capdeville.

Trésorier :

M. CAHEN (ERNEST), 15, cours de Tourny.

Trésorier-adjoint :

M. SALACROUX, 28, rue de Chambrun.

Commissaires :

MM. CAZALET (BENJAMIN), 7, place du Champ-de-Mars.
le Dr CHAVANNAZ, 45, cours de Tourny.
le Dr DE COQUET, 106, quai des Chartrons.
DARRIET (J.), 4, rue Michel-Montaigne.
ETCHART, 10, rue de la Rotonde.
DES GROTTES (RAOUL), 9, place Gambetta.
JACMART, 88, rue Judaïque.
JOUANDOT, 57, rue Saint-Sernin.
le Dr LAMACQ, 27, rue d'Aviau.

MM. DE LUZE (CH.), 21, rue de Rivière.
LARRUE (JULES), 9, cours d'Aquitaine.
LEDOUX, (SAMUEL), 29, quai de Bourgogne.
MESTREZAT (D.-G.), 27, cours de la Martinique.
MAURAIN, 17, rue de Podensac.
le Pasteur MOMMÉJA, 119, rue de la Course.
PELLEPORT-BURÈTE (Vve DE), 8, pl. du Champ-de-Mars
PLÉDY, 25 *bis*, cours du Jardin-Public.
le Dr SELLIER, 29, rue Boudet.
TOUZIN, 13, cours Saint-Louis.
TRIAL, 64, avenue Thiers.

Commission des finances :

MM. FAURE (GABRIEL), 27, quai des Chartrons.
SICARD (ALFRED), 190, rue de la Benauge.

1er Débit : Quai de la Douane.
Gérant : M. VALADE.

2e Débit-Restaurant : 53, route de Toulouse.
Gérants : M. et Mme COUSINET.

FRAIS DE PREMIER ÉTABLISSEMENT

RECETTES

Fondateurs		F.	1,600 »
Prêteurs	Divers	2.200 »	5.800 »
	S. B. des H. B. M	3.600 »	
			7.400 »

DÉPENSES

Premier local (année 1901) F.	2.586 30	
(» 1902)	433 05	
(» 1903)	250 40	
		3.269 75
Deuxième local (année 1902)	2 842 30	
(» 1903)	585 15	
		3 427 45
Frais spéciaux de premier établis. aux deux locaux.		1 066 65
		7.763 85

Fondateurs :

MM. Bayssellance.
Cazalet (Charles).
le Dr Régis.
Cahen.
Mestrezat (D.-G.).
Des Grottes.
le Dr Sellier.
De Pelleport-Burète.

MM. Jouandot.
De Luze.
Touzin.
Cruse (F.).
Millet.
Hounau.
Maurain.
le Dr Bergonié.

Prêteurs :

MM. Cahen.
Cazalet (Charles).
le Dr Lamacq.
Jouandot.

MM. Maurain.
De Luze.
G. Valladon.

EXPLOITATION 1903

RECETTES

Premier local		F.	3.227 85
Deuxième local	vins	6.592 05	13.117 30
	nourriture	6 525 25	
			16.345 15

DÉPENSES

Premier local :	Vins F.	2.717 »	
	Divers	12 »	
	Gaz	60 10	
	Appointements	1.199 25	
			3.988 35
Deuxième local :	Vins	4.852 45	
	Divers	5.401 45	
	Gaz et charbons	342 85	
	Appointements	1.220 »	
	Loyer, six mois	600 »	
			12 416 75
Frais généraux :	Divers	325 75	
	Impositions, assurances	122 45	
	Intérêts	199 53	647 73
			17.052 83
		Perte F.	707 68

PREMIER LOCAL

Recettes ....F.		3.227 85
Dépenses	3.988 35	
1/2 des frais généraux.....................	323 86	4.312 21
Perte..........F.		1.084 36

A la suite de ces résultats, le Comité a décidé de fermer provisoirement le débit; ce qui a été fait à la date du 1er janvier 1904.

Le débit a été réouvert le 1er mars, sous d'autres conditions, après entente avec le Gérant.

DEUXIÈME LOCAL

Recettes.......................................F.		13.117 30
Dépenses	12.416 75	
1/2 des frais généraux	323.87	12.740 62
Bénéfice.........F.		376.68

Perte sur premier local..........	1.084 36
Bénéfice sur deuxième local ...F.	376 68
Perte réelle.....F.	707 68

Premier Local : DÉBIT

Quai de la Douane.

	1901	1902	1903
Vin blanc....	23.949 verres	19.545 verres	16.701 verres
Vin rouge....	23.457 »	14.782 »	16.047 »
Café.........	1.470 »	541 »	639 »
Lait.........	1.710 »	521 »	25 »
	50.586 »	35.389 »	33.412 »

Deuxième Local : DÉBIT-RESTAURANT

53, route de Toulouse.

	1902	1903
Vin blanc.............	20.307 verres	29.683 verres
Vin rouge.............	27.184 »	35.687 »
Café	6.441 »	8.862 »
Lait..................	203 »	439 »
	54.135 verres	74.671 verres
Soupes...............	4.682 portions	8.616 portions
Portions.............	5.864 »	11.165 »
	10.546 portions	19.781 portions

RAPPORT

De la Commission des Finances sur les exercices 1902-1903

(MM. Gabriel **FAURE** et Alfred **SICARD**.)

Messieurs,

Votre dernière Assemblée générale avait chargé une Commission financière, prise en dehors de son Comité, de procéder à la vérification des comptes des exercices 1902 et 1903 et de vous présenter un rapport destiné de base à son approbation.

Cette Commission a accompli au siège social la mission que vous lui aviez confiée; elle s'est fait représenter tous les documents de la comptabilité, et, après examen, elle a reconnue la parfaite tenue de vos livres et la concordance des résultats inscrits avec les chiffres présentés par notre honorable trésorier.

En vous rendant compte de la mission, elle croit utile de reprendre les résultats de notre Œuvre depuis son origine et de relater les chiffres des trois années d'exploitation.

Débit de tempérance. — PREMIER LOCAL.

	1901		1902		1903
Recettes brutes	5484 35		3314 35		3227 85
Coût des approvisionnements	3017 25		2070 40		2717 »
Frais généraux d'exploitation	1823 05		1542 05		1595 21
Bénéfice	644 05	Perte.	298 10	Perte.	1084 36

Perte nette des trois exercices :

738 fr. 41.

Restaurant de tempérance. — SECOND LOCAL.

	1902	1903
Recettes brutes..............	8 666 20	13.117 30
Coût des approvisionnements,	6.280 55	10.253 90
Frais généraux d'exploitation.	1597 35	2.486 7.
Bénéfices....................	779 30	376 68

Bénéfice net des deux exercices :

1.155 fr. 98.

Soit pour les deux établissements un bénéfice net d'exploitation de **417 fr. 57**.

Assurément, si votre Société avait été inspirée par une pensée de lucre, son but ne serait pas atteint, car ce chiffre est insuffisant pour compenser les charges de premier établissement s'élevant à près de 8.000 francs et pour assurer l'amortissement de ce capital.

Votre Commission n'a pas à vous rappeler qu'aucune pensée de bénéfice à réaliser n'était entrée dans l'esprit de vos fondateurs, et que leur but serait entièrement atteint, si un nivellement approximatif des recettes et des dépenses permettait de compter sur la vitalité de leur œuvre.

L'expérience de trois années amène à reconnaître que pour le Débit de tempérance ce nivellement n'a pas été réalisé, et peut difficilement être prévu avec le maintien des mêmes errements, et que pour le Restaurant de tempérance au contraire, il peut être attendu avec quelque confiance à l'aide d'une installation plus complète, que les exigences de sa clientèle semblent imposer.

Enfin votre Commission ne peut qu'exprimer son entière approbation pour les deux décisions récemment prises par votre Bureau :

Fermeture momentanée du Débit de tempérance, suivie peu après de sa réouverture à des conditions qui laissent au gérant toutes les éventualités de l'exploitation de votre contrôle.

Agrandissement du Restaurant de tempérance pour procurer des salles distinctes aux consommateurs bourgeois et ouvriers qui n'ont ni le même régime, ni les mêmes habitudes.

A la suite des communications reçues de votre vigilant Secrétaire général, à l'occasion de la vérification des comptes, votre Commission a reconnu les difficultés que rencontrent toutes les entreprises afférentes à l'alimentation par la fixité nécessaire des prix de vente et la variabilité des prix d'achat, par les déchets inévitables résultant de consommations au détail, par l'impossibilité d'un contrôle sérieux des recettes et des dépenses journalières, et surtout par la concurrence intense des établissements privés, soutenue par l'intérêt personnel de leurs propriétaires.

L'examen de ces dificultés l'a portée à envisager la possibilité pour votre Société de s'en dégager avec avantage, en cherchant à généraliser la tentative qui vient d'être inaugurée pour le Débit de tempérance et à amener tous les tenanciers présents et futurs de ces établissements à en assumer la gestion à leurs périls et risques; dans ce système l'action de votre œuvre se bornerait à un patronage et à un contrôle, qui assureraient aux consommateurs des Débits et Restaurants, ouverts sous vos auspices, la garantie de boissons saines et d'aliments hygiéniques. Avec cette orientation le champ d'action de votre Œuvre aurait des chances de se développer dans des proportions que pourraient difficilement atteindre la création et l'exploitation directe de nouveaux établissements.

En ouvrant cet horizon votre Commission dépasse certainement le cercle étroit d'une vérification de comptabilité et s'aventure sur un terrain que votre Assemblée a seule qualité pour explorer et fertiliser. Permettez-lui d'invoquer l'excuse d'avoir agi avec la complicité d'un vaillant Secrétaire général, que vous avez toujours suivi dans ses fécondes initiatives, et de compter sur votre indulgence pour cette tentative d'usurpation de vos pouvoirs.

Gabriel FAURE,
Rapporteur.

N° 12

" AIDONS LES PETITS A GRANDIR "

BORDEAUX

CRÈCHE DE LA BASTIDE

139, Avenue Thiers

FONDÉE LE 5 MAI 1891

Ouverte le 17 Septembre et Inaugurée le 26 Novembre 1891

Reconnue comme Établissement d'utilité publique par décret du 24 mars 1897

Il est si beau, l'enfant, avec son doux sourire,
Sa douce bonne foi, sa voix qui veut tout dire,
Ses pleurs vite apaisés,
Laissant errer sa vue étonnée et ravie,
Offrant de toutes parts sa jeune âme à la vie
Et sa bouche aux baisers.

VICTOR HUGO.

TRÉSORIER : 8, rue Reignier

RAPPORT ANNUEL

ANNÉE 1903

(QUATORZIÈME ANNÉE)

0

La Crèche de La Bastide *étant reconnue comme établissement d'utilité publique,* ceux qui s'intéressent à son développement et qui veulent assurer son avenir peuvent lui faire part de leurs libéralités en inscrivant cette simple formule dans leurs dispositions testamentaires :

« Je donne et je lègue à la Crèche de La Bastide la somme de. . . . . »

Ceux qui voudront faire profiter la Crèche *intégralement* de la somme léguée devront le spécifier dans leurs dispositions testamentaires. Sans cette condition expresse, les droits de succession seraient à la charge de la Crèche.

DÉCRET D'UTILITÉ PUBLIQUE

LE PRÉSIDENT DE LA RÉPUBLIQUE FRANÇAISE,

Sur le rapport du Ministre de l'Intérieur.

Vu la délibération, en date du 14 février 1895, aux termes de laquelle l'Assemblée générale des membres de la Crèche de La Bastide, à Bordeaux (Gironde), a décidé de solliciter la reconnaissance de cette œuvre comme Établissement d'utilité publique;

Vu la demande conforme des administrateurs de l'œuvre;

Vu les documents administratifs et financiers produits à l'appui de cette demande;

Vu le projet des statuts;

Vu les pièces de l'enquête publique et l'avis du Commissaire enquêteur;

Vu les avis du Conseil municipal de Bordeaux et du Préfet de la Gironde;

Vu l'avis du Conseil d'État, du 17 janvier 1896;

La Section de l'Intérieur, des Cultes, de l'Instruction publique et des Beaux-Arts, du Conseil d'État entendue;

DÉCRÈTE :

Article premier. — La *Crèche de La Bastide,* à Bordeaux (Gironde), est reconnue comme Établissement d'utilité publique.

Sont approuvés les statuts de l'œuvre, tels qu'ils sont annexés au présent décret.

Art. 2. — Le Ministre de l'Intérieur est chargé de l'exécution du présent décret.

Fait à Paris, le 24 mars 1897.

Signé : FÉLIX FAURE.

Par le Président de la République :

Le Ministre de l'Intérieur,

Signé : Louis BARTHOU.

Par ampliation :

Le Directeur du Cabinet, du Personnel et du Secrétariat,

Signé : SAINSÈRE.

Pour copie conforme :

Le Préfet de la Gironde,

Mce BERNIQUET.

CE QUE C'EST QU'UNE CRÈCHE!

La sollicitude pour l'enfant est l'un des signes de la civilisation.

La Crèche est une institution philanthropique destinée à permettre aux mères qui ont *besoin de travailler* de faire soigner pendant le jour leurs enfants au-dessous de trois ans. C'est un établissement de prévoyance qui fait, dans le présent et dans l'avenir, du bien aux enfants qu'il reçoit, à leurs mères et à leurs familles; qui se contente d'une rétribution inférieure à ses dépenses et fait suivre aux enfants l'hygiène nécessaire au premier âge.

Les enfants y trouvent un air pur, une alimentation et une température convenables, des soins continus et intelligents, le voisinage de leurs pareils et un commencement d'éducation.

La Crèche n'accorde ses bienfaits qu'aux familles nécessiteuses.

Comparez deux mères: l'une, pour ne pas quitter son nouveau-né, tend la main aux passants, elle mendie sous la neige et sous la pluie; l'autre se lève à cinq heures du matin, porte son enfant à la Crèche et court au travail; elle revient l'allaiter et retourne à l'ouvrage au moins deux fois dans la journée; le soir venu, elle reprend le nourrisson qu'elle porte.

Quelle est celle qui fait le plus de bien à son enfant?

(*Extrait du* MANUEL DE LA CRÈCHE.)

F. MARBEAU.

Photogravure de RIPAMONTI et BABALAUD. LA POUPONNIÈRE DE LA CRÈCHE DE LA BASTIDE

LES PREMIERS BAINS-DOUCHES

Installés en France dans une Crèche

CRÈCHE DE LA BASTIDE

139, avenue Thiers. — BORDEAUX

INSTALLATION DES BAINS-DOUCHES

(Juillet 1898)

MODÈLE DE L'ŒUVRE BORDELAISE DES BAINS-DOUCHES A BON MARCHÉ
Fondée le 13 avril 1892.

MM. TOUZIN, *architecte.*
CHAMP, *constructeur.*

NOMBRE DE BAINS-DOUCHES CHAUDS

DONNÉS A LA

CRÈCHE DE LA BASTIDE

Depuis la fondation jusqu'au 31 décembre 1902	5,767
Pendant l'année 1903	1,967
TOTAL.	7,734

Inauguration le 26 Novembre 1891

Présidence de M. Adrien BAYSSELLANCE
Maire de Bordeaux

Première Assemblée générale le 28 Janvier 1892

Présidence de M. le Docteur FLORNOY
Président de la Société protectrice de l'Enfance

Deuxième Assemblée générale le 26 Janvier 1893

Présidence de M. le Docteur LANDE
Adjoint au Maire de Bordeaux
Délégué à l'Hygiène et à l'Assistance publiques

Troisième Assemblée générale le 26 Janvier 1894

Présidence de M. le Docteur ROUSSEAU SAINT-PHILIPPE
Président de la Société protectrice de l'Enfance

Quatrième Assemblée générale le 14 Février 1895

Présidence de M. Louis DELCURROU
Premier Président de la Cour d'Appel de Bordeaux

Cinquième Assemblée générale le 27 Février 1896

Présidence de M. A.-E. HAUSSER
Ingénieur en chef des Ponts et Chaussées
Président de l'Exposition de 1895

Sixième Assemblée générale le 25 Février 1897

Présidence de M. A. COUAT
Recteur de l'Université de Bordeaux

Septième Assemblée générale le 24 Février 1898

Présidence de M. le Professeur PITRES
Doyen honoraire de la Faculté de Médecine

Huitième Assemblée générale le 16 Mars 1899

Présidence de M. le Docteur BOURRU
Directeur de l'École du Service de Santé de la Marine

Neuvième Assemblée générale le 1er Mars 1900

Présidence de M. DELAGE
Inspecteur des Enfants assistés du Département de la Gironde

Dixième Assemblée générale le 14 Mars 1901

Présidence de Mme FRANCILLON
Inspectrice générale des Services de l'Enfance au Ministère de l'Intérieur

---

Onzième assemblée générale le 12 Avril 1902

Présidence de M. Frédéric PASSY
Membre de l'Institut

Douzième Assemblée générale le 4 Juillet 1903

Présidence de M. le Professeur BROUARDEL
Membre de l'Institut
Président du Comité consultatif d'Hygiène publique de France

Treizième Assemblée générale le 25 avril 1905

Présidence de M. MABILLEAU
Directeur du Musée social
Président de la Fédération nationale de la Mutualité

CRÈCHE DE LA BASTIDE

MEMBRES D'HONNEUR

Mmes Berniquet, Bayssellance et Edmond Sursol.

COMITÉ DES DAMES

Présidente : Mlle E. Gounouilhou.

Vice-Présidentes : Mmes Charles Cazalet et Couat.

Secrétaire : Mme Jules Larrue. — *Économe :* Mme Alphonse Trial.

MEMBRES DU COMITÉ

Mmes	Mmes	Mmes
Bayssellance (G.).	Forsans (Jules).	Ledoux.
Brunet.	Forsans (Mlle).	Quereillac.
Cahen.	Gayon.	Rietmann.
Cazalet (Benjamin).	Giroulle.	Robert (Daniel).
Eyquem.	Gounouilhou (H.).	Touzin.
	Larrue (Marc).	

Trésorier : M. Charles Cazalet.

Trésoriers adjoints : MM. Alphonse Trial et Jules Larrue.

Médecins : MM. Gautier et Phélippot.
Chacun de service six mois.

Directrice : Mme DETCHEBARNE.

LOCAL : AVENUE THIERS, 139

Le Comité des Dames se réunit au moins une fois par mois.

Salle Carnot . . . . 18 berceaux.
Salle Félix Faure . . . . . 16 —
Total. . . . . . . 34 berceaux.

BIENFAITEURS

Le Ministre de l'Agriculture.
Le Ministre de l'Intérieur.
Le Conseil général de la Gironde.
Le Conseil municipal de Bordeaux.
La Société protectrice de l'Enfance.
La Société des Crèches de Paris.

BERCEAUX

FONDÉS PAR

Mme Carnot.
Mme Félix Faure.
Mme Loubet.
Mme Berniquet.
Mme Bayssellance.
Mme Delcurrou.
Mlle Gounouilhou.
Mme Henri Gounouilhou.
Mme et Mlle Forsans.
Mme Daniel Robert.
Mme Jules Forsans.
Mme Ledoux.
Mlle Bosc (Élisabeth).
Mme Marc Larrue.
Mme Édouard Cruse.
Mme Eschenauer.
Mme Silliman.
Mme Prunier-Favre.
Mlle Moulinié.
Mme Chenard.
Mlle Bosc (Suzanne).
Chambre de Commerce de Bordeaux.
Compagnie des Chemins de fer du Midi.
Compagnie des Chemins de fer d'Orléans.
Compagnie Gironde-et-Garonne.
Association générale des Étudiants de Bordeaux.
Chambre syndicale des Employés de commerce.
Mme Charles Cazalet.
Mme Descorps.
Mme Bénard.
Mme Jules Larrue.
Mme Alphonse Trial.
Mme Le Rouzic.
Mme Brunereau.
Mme H. Picon.
Mme A. Sicard.
Mme Viamouret.
Mme Quéreillac.
Mme Giroulle.
Mme Edmond Sursol.
Mme Vve Th. Rödel.
Mme Vve Lubbert.
Mme Vve U. Lanneluc-Sanson.
Mlle Cardoze.
Mme Laroque.
Mme L. Andrieu.
Mlle Figuier.
Compagnie du Gaz.
Compagnie des Omnibus et Tramways.
Compagnie des Eaux de Vichy.
Société les Prévoyants de l'Avenir (382e section).
Société des Vrais Amis de l'Ordre de La Bastide.

Société La Bastidienne.
Élèves de La Bastidienne.
Le Cercle Gambetta.
Syndicat de la Presse.
Société anonyme des Chantiers et Ateliers de la Gironde.
Compagnie des Magasins généraux de la Gironde.
La Société l'Alliance.
Lycée de Garçons.
Groupe républicain de La Bastide.
Société de patronage des Écoles communales de La Bastide.
Mgr Lecot, cardinal et archevêque de Bordeaux.
M. le pasteur Cadène, président du Consistoire de l'Église réformée.
Le Consistoire israélite.
M. le curé Hazera.
M. le docteur Lande.
M. le docteur Chabrely.
M. le docteur Michaud.
M. Picon (H.).
MM. Dandicolle et Gaudin.
M. Télard (Victor).
M. Fournier.
MM. Bourgès et Troye.
M. Vigulé.
M. Ducos (Eugène).
M. Dureau (Gaston).
M. Biarnès.
M. Cazalet (Charles).
M. Cazalet (Benjamin).
Cazalet (Lucienne et François).
MM. les Bouchers et Charcutiers de Bordeaux.
Personnel de la maison Sursol (camionnage P. O.).
MM. les Officiers de l'armée active, de la réserve et de l'armée territoriale.
Personnel de la maison Cazalet.
Banque de Crédit populaire.
Orphelinat Chemins de fer français.
Mlle Cazalet (Violette).
M. Bonnecaze de Montesquieu.
M. Dubosc (Firmin).
M. Lalande (Armand).
M. Monserviez.
M. Adam (Paul).
M. Le Roy.
Anonymes : R., F., A. et G.
M. Delor (Alphonse).
Mme Albert Touzin.
Mme Vve J. Durand.
Mme Chambarière.
Mlle Emily M.
Mme Benjamin Cazalet.
Mme Ernest Cahen.
Mme Jules Siegfried.
M. Brière (de Rouen).
Mme William Hausser.
M. le docteur Pitres.
Mme Pitres.
Mme de Ferrière.
Mme C.
Mlle Bourru.
Mme Pradas.
Mme Germain Valladon.
M. Hausser (William).
M. Hounau.

SOCIÉTAIRES PERPÉTUELS

AYANT RACHETÉ LEUR COTISATION

Mme Charles Cazalet
M. Charles Cazalet.
M. Benjamin Cazalet.

Quelques dons faits à la Crèche depuis sa fondation

(En dehors des fondations de Berceaux)

1891	Famille Gounouilhou, facture initiale, imprimerie.	900f	»
	Ministre de l'Agriculture.	2,000	»
	Société des Crèches de Paris.	100	»
1892	Société de l'Enfance de Bordeaux.	200	»
	Chambre syndicale de la Boucherie et de la Charcuterie	250	»
	Association des Étudiants.	150	»
	Bal des Officiers.	100	»
	Groupe républicain de La Bastide.	150	»
	Chauffoir public	396	95
1893	Association des Étudiants.	150	»
	M. et Mme Jules Forsans, à l'occasion de la naissance d'un enfant.	100	»
	Vente Tombola du Rectorat.	2,383f	60
1894	Chambre syndicale de la Boucherie et de la Charcuterie.	250	»
	Société de l'Enfance de Bordeaux	200	»
1895	Chambre syndicale de la Boucherie et de la Charcuterie.	200	»
1896	Chambre syndicale de la Boucherie et de la Charcuterie.	250	»
	Concert-Tombola à l'Athénée.	2,298	50
	Solde d'une souscription.	127	25
	M. et Mme Jules Forsans, à l'occasion de la naissance d'un enfant.	100	»
1897	Chambre syndicale de la Boucherie et de la Charcuterie.	150	»
	M. et Mme Hausser, à l'occasion de la naissance d'un enfant	50	»

1898	Orphelinat des Chemins de fer français	100	»
	M. et Mme de Ferrière, à l'occasion de la naissance d'un enfant.	50	»
	Chambre syndicale de la Boucherie et de la Charcuterie.	100	»
1899	Fête triennale à Tayac.	2,056	10
1900	Chambre syndicale de la Boucherie et de la Charcuterie	100	»
1901	Du lycée de Bordeaux.	50	»
	M. et Mme Hausser, à l'occasion de la naissance d'un enfant.	50	»
	Chambre syndicale de la Boucherie et de la Charcuterie	100	»
	Fête villageoise du 19 mai, à Castel-Floirac. . . .	2,713	20
1902	Chambre syndicale de la Boucherie et de la Charcuterie	150	»
1903	Chambre syndicale de la Boucherie et de la Charcuterie	150	»

Pour faciliter la reconnaissance d'utilité publique :

M. et Mme Charles Cazalet	500	»
M. et Mme Benjamin Cazalet	500	»
MM. Jean et Robert Forsans	1,000	»

DEPUIS LA FONDATION

	PRÉSENCES	RECETTES	DÉPENSES
1891......	1,559	5,862 20	2,182 05 3,181 65
1892......	7,032	5,287 51 4,150 »	5,236 15 2,822 15
	8,591	15,299 71	
1893......	5,946	7,477 25	6,379 08
	14,537	22,776 96	
1894......	5,713	5,785 15	6,090 23
	20,150	28,762 11	
1895......	6,488	6,007 34	6,778 95
	26,738	34,769 45	
1896......	6,499	8,343 06	6,869 75
	33,237	43,112 51	
1897......	6,863	7,518 68	5,772 75
	40,100	50,631 19	
1898......	6,886	5,366 72	5,835 40
	46,986	55,997 91	
1899......	5,566	7,029 95	6,107 95
	52,552	63,027 86	
1900......	5,485	4,660 73	6,391 90
	58,037	67,688 59	
1901......	6,816	7,341 75	6,045 45
	64,853	75,030 34	69,693 46
1902......	6,046	5,354 60	6,332 55
	70,899	80,384 94	
1903......	5,830	5,660 29	5,701 95
	76,729	86,045 23	81,727 96
MONTANT de la Réserve et du Disponible...			4,317 27
TOTAL égal......			86,045 23

Renseignements sur l'année 1903

Nombre de journées de présence.	5,830
Nombre d'enfants qui ont profité de la Crèche	72
Chiffre moyen des enfants présents chaque jour.	22
Maximum.	34
Minimum.	10
Nombre des jours d'ouverture de la Crèche.	294
Nombre de berceaux et couchettes.	34
Taux de la rétribution maternelle (par jour). . . . . F.	0 10
Nombre de vaccinations *(les enfants ne sont admis que vaccinés).*	

Il n'est pas tenu compte de l'état civil des enfants; la Crèche ne s'en occupe pas.

RAPPORT MÉDICAL

Présenté par M. le docteur PHÉLIPPOT

MESDAMES,

L'année 1903 s'est présentée au point de vue médical comme une année excellente.

Les épidémies n'ont point existé, la fièvre thyphoïde, la rougeole, les accidents cholériformes au moment des chaleurs, ont fait défaut totalement. Seule, au mois de juin, la variole qui ne nous avait pas visités depuis plus de douze ans, a fait quelques victimes et a jeté une salutaire épouvante dans la population bordelaise. L'épidémie a passé sans laisser de trace de sa présence à la crèche de La Bastide; les enfants, fraîchement vaccinés, ont été merveilleusement défendus, et nous avons le plaisir de vous faire savoir que les sages mesures prises de n'accepter les enfants que vaccinés ont été la véritable cause de l'absence d'accidents mortels sans doute, déplorables toujours.

Je n'ai pas besoin d'ajouter que la crèche est admirablement tenue par le modèle des directrices, qui, le règlement à la main, prend toutes les précautions pour que les mères sachent que leurs enfants sont à la Crèche admirablement surveillés, intelligemment soignés et abondamment pourvus de tout ce que demandent leur tempérament et leur organisme fragile.

RAPPORT DE LA COMMISSION DES FINANCES

MM. HOUNAU et Charles BÉNARD, rapporteurs.

MESDAMES,

MESSIEURS,

Il serait oiseux, je crois, d'accumuler phrases sur phrases pour affirmer que l'ordre règne en maître dans la caisse et la comptabilité des trésoriers de la Crèche et pour décerner à ces dévoués collaborateurs un satisfecit dont ils n'ont nul besoin.

Au surplus, j'estime avec mon honorable collègue et ami, M. Hounau, avec qui j'ai vérifié et visé les livres, que c'est là le petit côté du rôle de la Commission des finances qui doit, à travers les chiffres, discerner et mettre en lumière les causes de variations bonnes ou mauvaises du trésor.

Or, cette année, il faut avoir le courage de le dire, la situation des comptes et le projet de budget sont de nature à inspirer quelques craintes pour l'avenir.

Le budget normal de la Crèche a laissé jusqu'ici un déficit annuel que comblait régulièrement le tiers du bénéfice de vos ravissantes fêtes triennales.

Les deux dernières années, en même temps que les cotisations ont faibli ainsi que divers chapitres de recettes, la fête, une garden-party publique, n'a donné qu'un résultat très inférieur aux précédentes.

Pour équilibrer le trésor, affligé de 3.000 francs de déficit, il a fallu vendre deux actions, absorber tous les petits bénéfices de la garden-party et recevoir du trésorier une grosse avance qui reste à rembourser.

La situation demande donc des efforts importants que le

Comité des Dames, la Présidente, toute la première, n'hésiteront point à faire, avec la foi qu'elles ont dans l'œuvre, avec le zèle intelligent dont elles ont déjà fait preuve, avec aussi le plus généreux désintéressement.

Il faut, coûte que coûte, Mesdames, qu'une nouvelle fête, que de nouveaux adhérents, que des ressources nouvelles d'ordre quelconque, viennent éteindre votre dette et procurer le nécessaire pour les années prochaines.

Faute de quoi, vous serez obligés de porter atteinte au petit pécule de la réserve, le bas de laine de vos petits protégés... Triste et cruelle perspective qu'il aura suffi à la Commission des finances de vous montrer pour que bientôt vous ayez redonné à l'œuvre la prospérité que nous lui désirons tous du fond de notre cœur.

Résultats de la " GARDEN-PARTY "

du 21 Mai 1903

	RECETTES		DÉPENSES		BÉNÉFICE		PERTE	
Tombola	525		12		513			
Programmes	95	55	34		56	55		
Concert enfants	221		453	35			232	35
— Ramat	174		507	60			333	60
Cigares-Tonneaux	70		30		40			
Loterie ombrelle	51	10			51	10		
Vente photographies	48	80			48	80		
Petits chevaux	192		69		123			
Loterie bicyclette	470		140		330			
— Leroux	25				25			
— poupée	78				78			
Vente fleurs	139	75	40		99	75		
Buffet	293	25	298	15			4	90
Jeu de massacre	36	95	50				13	05
— des tourniquets	46		54	60			8	60
Vente éventails	12				13			
Automobiles	52				52			
Entrée générale	484	50			484	50		
Dons divers	66	20			66	20		
Frais généraux Avinein			292				292	
— — droits des pauvres			43	95			43	95
— — droits d'auteur			22	30			22	10
— — police			20	25			20	25
— — divers			218	55			210	55
	3,077	10	2,285	55	1,980	90	1,189	35
Bénéfice : 791 fr. 55.			791	55			791	55

La Présidente,
E. GOUNOUILHOU.

Le Trésorier,
CHARLES CAZALET.

Situation des Comptes de la Crèche de La Bastide au 31 Décembre 1902.

RECETTES			PRÉVUS
Subvention du Ministère de l'intérieur		400 »	400 »
Subvention du Département		680 »	680 »
Subvention de la Ville		340 »	340 »
Cotisations		2,235 »	2,200 »
Rétributions maternelles		589 30	650 »
Intérêts et arrérages		154 15	130 »
Dons divers et fondations de Berceaux		273 65	200 »
		4,672 10	
Extraordinaires.			
Avances du Trésorier	600 »		
Vente photo fête Floirac	82 50		1,400 »
Vente 1 bon Bain	500 »		
Vente une action H. B. M	500 »		
		1,682 50	
		6,354 60	
Au 1er Janvier 1902.			
Solde en Caisse	58 80		
Solde Caisse d'épargne	10 53		
		69 33	
		,423 93	6,000 »

DÉPENSES			PRÉVUS
Loyer, assurance		1,100 »	1,118 40
Directrice		750 »	750 »
Berceuses et gratifications		1,000 »	1,100 »
Alimentation des Enfants		984 60	950 »
Blanchissage et lissage		465 95	400 »
Chauffage et éclairage		471 05	500 »
Achats, mobilier, lingerie		536 30	250 »
Frais généraux		1,024 65	900 »
		6,332 55	
Au 31 décembre 1902.			
Solde en Caisse	62 65		
Solde à la Caisse d'épargne	28 73		pr Balance
		91 38	31 60
		6,423 93	6,000 »

Situation des comptes de la Crèche

RECETTES	SOMMES REÇUES	SOMMES PRÉVUES	DIFFÉRENCES EN MOINS	DIFFÉRENCES EN PLUS
Ordinaires :				
Subventions : du Ministère de l'Intérieur,, F.	400 »	400 »	»	»
» du Département, 20 fr. par berc.	680 »	680 »	»	»
» de la Ville, 10 fr. par berceau..	340 »	340 »	»	»
Cotisations des Sociétaires..................	2,130 »	2,200 »	70 »	»
Rétribution maternelle.....................	530 15	650 »	119 85	»
Intérêts et arrérages. { Caisse d'Epargne .. 35,84; Banque de France . 67,75; Intérêts Bains..... 20 » }	123 59	130 »	6 41	»
Dons divers. { Bal des Bouchers ..... 150 »; Divers.............. 15 » }	165 »	200 »	35 »	»
Total des recettes ordinaires..	4,368 74	4,600 »	231 26	»
Extraordinaires :				
Avances du Trésorier......................	500 »			500 »
Garden-Party du 21 mai 1903..............	791 55	»	»	791 55
Excédent des dépenses sur les recettes prévues au budget de 1903.....................		1,400 »	1,400 »	
TOTAUX GÉNÉRAUX........................	5,660 29	6,000 »	1,631 26	1,291 55
Les recettes présentent donc sur les prévisions une diminution de.......................	....	....	339 71	
Au 1er janvier 1903				
Le solde en caisse était de......... 62 65; Le solde à la Caisse d'Epargne de.. 28 73	91 38	»	91 38	
TOTAUX ÉGAUX........................	5,751 67	»	248 33	

Exercices 1902-1903.

Dépenses..................		12,034 50
Recettes..................		9,040 84
Vente de 2 actions.......	1,082 50	2,993 66
Garden-Party............	791 55	
Avances du Trésorier....	1,100 »	2,974 05
		19 61
Au 1er janv. 1902 en caisse.	69 33	
Au 31 déc. 1903 en caisse.	49 72	
	19 61	

CAPITAL AU 31 DÉCEMBRE 1903	DÉPENSÉ	MOINS-VALUES déduites	DIFFÉRENCES	MOINS-VALUES déduites en 1903 25 %	ESTIMATION au 31 décem. 1903
Installation, mobilier, literie, etc.............. F.	5,666 30	5,346 40	319 90	80 »	239 90
Vêtements, lingerie, chaussures..................	2,583 10	1,751 10	832 »	208 »	624 »
	8,249 40	7,097 50	1,151 90	288 »	863 90
Total des moins-values déduites..................	7,385 50		7,385 50		
	863 90				
Dépôt à la Compagnie du Gaz.......................	10 »				10 »
Réserve : Valeurs en dépôt (Prix d'achat)........	4,257 55				4,257 55
Disponible : En caisse.................. 20 15; — A la Caisse d'Epargne........ 29 57	49 72				49 72
TOTAUX ÉGAUX..........................	5,181 17				5,181 17

de La Bastide au 31 Décembre 1903

DÉPENSES	SOMMES DÉPENSÉES	SOMMES PRÉVUES	DIFFÉRENCES EN MOINS	DIFFÉRENCES EN PLUS
Ordinaires :				
Loyer et assurance.................... F.	1,118 60	1,118 40	»	» 20
Appointements : Directrice................ / » Berceuses, gratifications....	1,691 »	1,850 »	159 »	»
Alimentation : Viande.. F. 141 90 / Pain....... 211 70 / Lait....... 326 55 / Œufs...... 55 40 / Sucre et riz. 218 50 / Divers..... 92 35 (Journées de présence. 5,830 / Journées d'ouverture. 294 / Enfants ayant profité de la Crèche...... 72)	1,046 40	950 »	»	96 40
Blanchissage et lissage....................	414 45	400 »	»	14 45
Chauffage et éclairage....................	468 20	500 »	31 80	»
Achat lingerie..........................	21 »	250 »	229 »	»
Frais généraux : Entretien......... 312 60 / Impressions rapport, secret. trésor... 298 55 / Frais divers.............. 305 90 / » Exposition Saint-Louis. 25 25	942 30	900 »	»	42 30
Imprévu pour balance......................	....	31 60	31 60	»
TOTAL DES DÉPENSES ORDINAIRES....	5,701 95	6,000 »	451 40	153 35
Les dépenses présentent donc sur les prévisions une diminution de.....................	....	....	298 05	
Au 31 décembre 1903 / Le solde en caisse est de......... 20 15 / Le solde à la Caisse d'Epargne de. 29 57	49 72	»	49 72	
TOTAUX ÉGAUX.......................	5,751 67	»	248 33	

DÉTAIL DE LA RESERVE

	Ayant coûté	Au cours du 31 déc. 1903
35 » Rente 3 0/0. — Titre n° 149,862, déposé à la Caisse d'Épargne.......... F.	1,124 65	1,133 40
» Déposées à la B. de F. : 2 oblig. foncières 1879, n°s 501.187 — 121.257.....	917 »	1,010 »
— 5 oblig. Ville de Paris 1898..............	2,215 90	2,075 »
TOTAUX.........................	4,257 55	4,218 40
Dépôt à la Compagnie du Gaz..........................	10 »	»
Disponible : En caisse.................. 20 15 / A la Caisse d'Epargne............ 20 57	49 72	»
TOTAL..........................	4,317 27	4,218 40

Vu :
La Présidente,
Mlle E. GOUNOUILHOU.

Certifié conforme aux écritures :
Le Trésorier,
CHARLES CAZALET.

PROJET DE BUDGET POUR L'ANNEE 1904

RECETTES :

Subventions : Ministère de l'Intérieur . . . . . F.	400	»
Département . . . 20 fr. par berceau.	680	»
Ville . . . . . . 10 fr. par berceau.	340	»
Cotisations des Sociétaires	2,100	»
Rétribution maternelle	600	»
Intérêts et arrérages	130	»
Dons divers et fondation de berceaux	200	»
A prendre sur la réserve ou à trouver en ressources extraordinaires	1,550	»
F.	6,000	»

DÉPENSES :

Loyer et assurance . . . . F.	1,118	60
Directrice	750	»
Berceuses, frotteur, journées supplément. et gratific.	1,000	»
Alimentation des enfants	1,050	»
Blanchissage et lissage	400	»
Chauffage et éclairage	500	»
Achats d'objets mobiliers, lingerie, etc	200	»
Frais génér. { Entretien . . . . 350 » ; Rapport, Secrétariat et Trésorier. 350 » ; Frais divers . . . . 200 » }	900	»
Imprévu pour balance	81	40
F.	6,000	»

TABLE DES MATIÈRES

M. Léopold Mabilleau à Bordeaux.

Société bordelaise des Habitations à bon marché.
Résultats de l'année 1903.

Œuvre bordelaise des Bains-Douches à bon marché.
Rapport annuel.

Œuvre bordelaise des Débits de tempérance.
Résultats de l'année 1903.

Crèche de La Bastide. — Rapport annuel.

TABLE DES GRAVURES

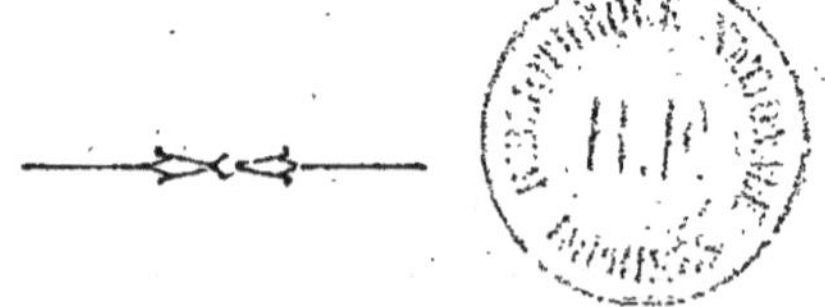

Bordeaux. — Imp. G. Gounouilhou, rue Guiraude, 9-11.

www.ingramcontent.com/pod-product-compliance
Lightning Source LLC
Chambersburg PA
CBHW070753290326
41931CB00011BA/1995
* 9 7 8 2 0 1 3 7 3 0 5 0 1 *